中宣部2022年主题出版重点出版物

"十四五"国家重点图书出版规划项目

纪录小康工程

全面建成小康社会
贵州奋斗者
GUIZHOU FENDOUZHE

本书编写组

贵州出版集团
贵州人民出版社

选题统筹：谢亚鹏
责任编辑：李　康　龙　娜
封面设计：石笑梦　唐锡璋
版式设计：汪　阳　陈　晨

图书在版编目（CIP）数据

全面建成小康社会贵州奋斗者 / 本书编写组编著. — 贵阳：贵州人民出版社，2022.10
（"纪录小康工程"地方丛书）
ISBN 978-7-221-17091-0

Ⅰ. ①全… Ⅱ. ①本… Ⅲ. ①小康建设－先进工作者－先进事迹－贵州 Ⅳ. ① K820.877.3

中国版本图书馆 CIP 数据核字 (2022) 第 093277 号

全面建成小康社会贵州奋斗者
QUANMIAN JIANCHENG XIAOKANG SHEHUI GUIZHOU FENDOUZHE

本书编写组

贵州人民出版社出版发行
（550081 贵州省贵阳市观山湖区会展东路 SOHO 办公区 A 座）

贵阳精彩数字印刷有限公司　新华书店经销

2022 年 10 月第 1 版　2022 年 10 月贵阳第 1 次印刷

开本：710 毫米 ×1000 毫米 1/16　印张：17
字数：230 千字

ISBN 978-7-221-17091-0　定价：60.00 元

邮购地址 550081　贵州省贵阳市观山湖区会展东路 SOHO 办公区 A 座
贵州人民出版社图书销售对接中心　电话：（0851）86828517

版权所有·侵权必究
凡购买本社图书，如有印制质量问题，我社负责调换。
服务电话：（0851）86828517

总　序
为民族复兴修史　为伟大时代立传

小康，是中华民族孜孜以求的梦想和夙愿。千百年来，中国人民一直对小康怀有割舍不断的情愫，祖祖辈辈为过上幸福美好生活劳苦奋斗。"民亦劳止，汔可小康""久困于穷，冀以小康""安得广厦千万间，大庇天下寒士俱欢颜"……都寄托着中国人民对小康社会的恒久期盼。然而，这些朴素而美好的愿望在历史上却从来没有变成现实。中国共产党自成立那天起，就把为中国人民谋幸福、为中华民族谋复兴作为初心使命，团结带领亿万中国人民拼搏奋斗，为过上幸福生活胼手胝足、砥砺前行。夺取新民主主义革命伟大胜利，完成社会主义革命和推进社会主义建设，进行改革开放和社会主义现代化建设，开创中国特色社会主义新时代，经过百年不懈奋斗，无数中国人摆脱贫困，过上衣食无忧的好日子。

特别是党的十八大以来，以习近平同志为核心的党中央统揽中华民族伟大复兴战略全局和世界百年未有之大变局，团结带领全党全国各族人民统筹推进"五位一体"总体布局、协调推进"四个全面"战略布局，万众一心战贫困、促改革、抗疫情、谋发展，党和国家事业取得历史性成就、发生历史性变革。在庆祝中国共产党成立100周年大会上，习近平总书记庄严宣告："经过全党全国各族人民持续奋斗，我们实现了第一个百年奋斗目标，在中华大地上全面建成了小康社会，历史性地解决了绝对贫困问题，正在意气风发向着全面建成社会主义现代化强国的第二个百年奋斗目标迈进。"

这是中华民族、中国人民、中国共产党的伟大光荣！这是百姓的福祉、国家的进步、民族的骄傲！

全面小康，让梦想的阳光照进现实、照亮生活。从推翻"三座大山"到"人民当家作主"，从"小康之家"到"小康社会"，从"总体小康"到"全面小康"，从"全面建设"到"全面建成"，中国人民牢牢把命运掌握在自己手上，人民群众的生活越来越红火。"人民对美好生活的向往，就是我们的奋斗目标。"在习近平总书记坚强领导、亲自指挥下，我国脱贫攻坚取得重大历史性成就，现行标准下9899万农村贫困人口全部脱贫，建成世界上规模最大的社会保障体系，居民人均预期寿命提高到78.2岁，人民精神文化生活极大丰富，生态环境得到明显改善，公平正义的阳光普照大地。今天的中国人民，生活殷实、安居乐业，获得感、幸福感、安全感显著增强，道路自信、理论自信、制度自信、文化自信更加坚定，对创造更加美好的生活充满信心。

全面小康，让社会主义中国焕发出蓬勃生机活力。经过长期努力特别是党的十八大以来伟大实践，我国经济实力、科技实力、国防实力、综合国力跃上新的大台阶，成为世界第二大经济体、第一大工业国、第一大货物贸易国、第一大外汇储备国，国内生产总值从 1952 年的 679 亿元跃升至 2021 年的 114 万亿元，人均国内生产总值从 1952 年的几十美元跃升至 2021 年的超过 1.2 万美元。把握新发展阶段、贯彻新发展理念、构建新发展格局、推动高质量发展，全面建设社会主义现代化国家，我们的物质基础、制度基础更加坚实、更加牢靠。全面建成小康社会的伟大成就充分说明，在中华大地上生气勃勃的创造性的社会主义实践造福了人民、改变了中国、影响了时代，世界范围内社会主义和资本主义两种社会制度的历史演进及其较量发生了有利于社会主义的重大转变，社会主义制度优势得到极大彰显，中国特色社会主义道路越走越宽广。

全面小康，让中华民族自信自强屹立于世界民族之林。中华民族有五千多年的文明历史，创造了灿烂的中华文明，为人类文明进步作出了卓越贡献。近代以来，中华民族遭受的苦难之重、付出的牺牲之大，世所罕见。中国共产党带领中国人民从沉沦中觉醒、从灾难中奋起，前赴后继、百折不挠，战胜各种艰难险阻，取得一个个伟大胜利，创造一个个发展奇迹，用鲜血和汗水书写了中华民族几千年历史上最恢宏的史诗。全面建成小康社会，见证了中华民族强大的创造力、坚韧力、爆发力，见证了中华民族自信自强、守正创新精神气质的锻造与激扬，实现中华民族伟大复兴有了更为主动的精神力量，进入不可逆转的历史进程。今天，我们比历史上任何时期都更接近、更有信心和能力实现中华民族伟大复兴的目标，中国人民的志气、骨气、底气极大增强，奋进新征程、建功新时代有着前所未有的历史主动精神、历史创造精神。

全面小康，在人类社会发展史上写就了不可磨灭的光辉篇章。中华民族素有和合共生、兼济天下的价值追求，中国共产党立志于为人类谋进步、为世界谋大同。中国的发展，使世界五分之一的人口整体摆脱贫困，提前十年实现联合国2030年可持续发展议程确定的目标，谱写了彪炳世界发展史的减贫奇迹，创造了中国式现代化道路与人类文明新形态。这份光荣的胜利，属于中国，也属于世界。事实雄辩地证明，人类通往美好生活的道路不止一条，各国实现现代化的道路不止一条。全面建成小康社会的中国，始终站在历史正确的一边，站在人类进步的一边，国际影响力、感召力、塑造力显著提升，负责任大国形象充分彰显，以更加开放包容的姿态拥抱世界，必将为推动构建人类命运共同体、弘扬全人类共同价值、建设更加美好的世界作出新的更大贡献。

回望全面建成小康社会的历史，伟大历程何其艰苦卓绝，伟大胜利何其光辉炳耀，伟大精神何其气壮山河！

这是中华民族发展史上矗立起的又一座历史丰碑、精神丰碑！这座丰碑，凝结着中国共产党人矢志不渝的坚持坚守、博大深沉的情怀胸襟，辉映着科学理论的思想穿透力、时代引领力、实践推动力，镌刻着中国人民的奋发奋斗、牺牲奉献，彰显着中国特色社会主义制度的强大生命力、显著优越性。

因为感动，所以纪录；因为壮丽，所以丰厚。恢宏的历史伟业，必将留下深沉的历史印记，竖起闪耀的历史地标。

中央宣传部牵头，中央有关部门和宣传文化单位，省、市、县各级宣传部门共同参与组织实施"纪录小康工程"，以为民族复兴修史、为伟大时代立传为宗旨，以"存史资政、教化育人"为目的，形成了数据库、大事记、系列丛书和主题纪录片4方面主要成果。目前已建成内容全面、分类有序的4级数据库，编纂完成各级各类全面小康、脱贫攻坚大事记，出版"纪录小康工程"丛书，摄制完成纪录片《纪录小康》。

"纪录小康工程"丛书包括中央系列和地方系列。中央系列分为"擘画领航""经天纬地""航海梯山""踔厉奋发""彪炳史册"5个主题，由中央有关部门精选内容组织编撰；地方系列分为"全景录""大事记""变迁志""奋斗者""影像记"5个板块，由各省（区、市）和新疆生产建设兵团结合各地实际情况推出主题图书。丛书忠实纪录习近平总书记的小康情怀、扶贫足迹，反映党中央关于全面建成小康社会重大决策、重大部署的历史过程，展现通过不懈奋斗取得全面建成小康社会伟大胜利的光辉历程，讲述在决战脱贫攻坚、决胜全面小康进程中涌现的先进个人、先进集体和典型事迹，揭示辉煌成就和历史巨变背后的制度优势和经验启示。这是对全面建成小康社会伟大成就的历史巡礼，是对中国共产党和中国人民奋斗精神的深情礼赞。

历史昭示未来，明天更加美好。全面建成小康社会，带给中国人民的是温暖、是力量、是坚定、是信心。让我们时时回望小康历程，深入学习贯彻习近平新时代中国特色社会主义思想，深刻理解中国共产党为什么能、马克思主义为什么行、中国特色社会主义为什么好，深刻把握"两个确立"的决定性意义，增强"四个意识"、坚定"四个自信"、做到"两个维护"，以坚如磐石的定力、敢打必胜的信念，集中精力办好自己的事情，向着实现第二个百年奋斗目标、创造中国人民更加幸福美好生活勇毅前行。

目　录

一、时代楷模 ··· 1

一条水渠就是一座丰碑——记遵义市播州区平正
仡佬族乡原草王坝村党支部书记黄大发 ···················· 2

用生命排雷——记"扫雷英雄"杜富国 ······················· 13

爱与责任　无问西东——记贵州省台江县民族中学
终身名誉校长、原校长陈立群 ······································ 19

眼中有爱　大山何处不光明——记贵阳市白云区第三中学
盲人教师刘芳 ·· 27

搬动贫困大山的"老愚公"——记毕节市赫章县海雀村
原党支部书记文朝荣 ·· 32

进入广袤无垠的人生——记"天眼"之父南仁东 ············ 43

二、先锋模范 ··· 53

当代县委书记的榜样——记黔西南布依族苗族自治州晴隆县
原县委书记姜仕坤 ·· 54

把初心和使命镌刻在大山深处——记六盘水市盘州市淤泥彝族乡
岩博村党委书记余留芬 ·· 65

相信奋斗的力量——记黔西南布依族苗族自治州望谟县实验高中
党总支副书记、副校长刘秀祥 ………………………………………… 73
让松桃苗绣走向世界——记贵州省松桃梵净山苗族文化旅游
产品开发有限公司总经理石丽平 ………………………………………… 78
当代"女愚公" 掀起"麻怀干劲"——记黔南布依族苗族
自治州罗甸县沫阳镇麻怀村党支部书记邓迎香 ………………………… 85
探索农村脱贫致富新路径——记安顺市平坝区乐平镇
塘约村党总支书记、村委会主任左文学 ………………………………… 94
幸福像花儿一样红——记黔南布依族苗族自治州惠水县
明田街道新民社区党支部书记、居委会主任罗应和 …………………… 103
赤心向党 躬身为民 情系百姓——记铜仁市思南县塘头镇
青杠坝村党支部书记、村委会主任冷朝刚 ……………………………… 109
退伍老兵不褪色 脱贫战场立新功——记安顺市平坝区
白云镇平元村党支部书记、村委会主任肖正强 ………………………… 114
把精准扶贫"四看法"推向全国——记毕节市威宁彝族回族
苗族自治县迤那镇党委副书记、五星社区党支部书记李仁兵 ……… 121

三、行业榜样 …………………………………………………………… 127

农药科研界的"贵州声音"——记中国工程院院士，贵州大学
党委副书记、校长宋宝安 ………………………………………………… 128
奔走在田间地头的蔬菜专家——记贵州省农业科学院原名誉院长、
蔬菜专家李桂莲 …………………………………………………………… 133
穷医道精髓 献仁术爱心——记"国医大师"、贵州中医药大学
第一附属医院国医堂主任医师刘尚义 …………………………………… 138
白衣天使汪四花——记黔东南苗族侗族自治州台江县
人民医院原执行院长汪四花 ……………………………………………… 147

一生痴情轧钢梦——记首钢水城钢铁（集团）有限责任公司
钢轧事业部主任工程师、国家级"劳模示范性创新工作室"
领衔人杨延 ·· 152

匠心传承　三十四年坚守一线——记贵州航天天马机电科技
有限公司材料成型部焊接一班班长、贵州省国防工业最美
军工人姜涛 ·· 158

四、第一书记 ·· 165

十年驻村情　一生海嘎人——记六盘水市钟山区政协党组成员、
副主席，大湾镇海嘎村原第一书记杨波 ·· 166

大山里的"带货书记"——记遵义市湄潭县人民医院团委
副书记、抄乐镇沙塘村第一书记杜富佳 ·· 172

永不归来的"战士"——记铜仁市沿河土家族自治县经开区管委会
企业服务中心原工作员、中寨镇大坪村原第一书记文伟红 ············· 179

第一书记来　水井莲花开——记安顺市普定县县委常委、县人民
政府副县长（挂职），化处镇水井村原第一书记王泽勇 ················· 185

善登高峰　坚守脱贫攻坚最前沿——记铜仁市生态移民局
党组成员、督查专员，沿河土家族自治县中界镇高峰村
原第一书记张鲁黔 ··· 191

大山深处的浓浓帮扶情——记贵州省林业调查规划院纪委书记、
黔西南布依族苗族自治州册亨县巧马镇孔屯村
原第一书记朱鑫 ··· 197

五、平凡英雄 ·· 203

用勤奋践行初心　靠双手编织梦想——记赤水市牵手竹艺发展有限
公司总经理、贵州省非物质文化遗产赤水竹编传承人杨昌芹 ······ 204

用匠心守护着万家灯火——记贵州电网有限责任公司兴义供电局输电管理所机巡二班高级作业员、高级工程师、"贵州工匠"龙福刚 ………………………………………………… 210

二十余年如一日，守护苗乡村民健康——记黔西南布依族苗族自治州安龙县普坪镇鲁沟塘居委会卫生室乡村医生、"最美医生"潘凤 ……………………………………………………… 215

深耕油茶良种之基　做大生态富民产业——记黔东南苗族侗族自治州天柱县林业产业发展中心副主任袁昌选 ………… 220

青春绣坊　战"疫"战"穷"践行初心——记黎平县彦婷手工刺绣坊负责人、国家级非物质文化遗产代表性项目侗族服饰省级代表性传承人陆永江 …………………………………… 225

不当贫困户　争做追梦人——记黔南布依族苗族自治州福泉市牛场镇双龙村村民王华银 ………………………… 230

永不言弃　我就要打羽毛球——记残奥会冠军、贵州省残疾人羽毛球队运动员程和芳 ………………………………… 236

"爬行"的人也能顶天立地——记铜仁市印江土家族苗族自治县沙子坡镇四坳村村民王昭权 ……………………………… 241

34年风雨无阻，一位山乡邮递员的19次"二万五千里长征"——记中国邮政集团公司贵州省锦屏县分公司邮递员、"最美退役军人"张林昌 ……………………………………… 248

后　记 ……………………………………………………………… 256

一、时代楷模

一条水渠就是一座丰碑

——记遵义市播州区平正仡佬族乡原草王坝村党支部书记黄大发

黄大发简介

黄大发，男，汉族，1935年11月出生，贵州遵义人，中共党员，贵州省遵义市播州区平正仡佬族乡原草王坝村大队大队长、村主任、村党支部书记。草王坝村曾是"三无"地区，无水、无电、无路。时任大队长的黄大发，发动带领数百名村民，钢钎凿、风钻敲，寒暑易节，忠其一事，历时30余载，活生生地在峭壁悬崖间凿出一条跨3个村、主渠长7200米、支渠长2200米的水渠。这条水渠解决了当地的缺水问题，改善了当地的经济发展和生活条件，被当地群众亲切地称为"大发渠"，而黄大发也被称为"当代愚公"。获"时代楷模""2017年全国脱贫攻坚奖奋进奖""感动中国2017年度人物""最美奋斗者""全国劳动道德模范"等荣誉，并于2021年6月获党内最高荣誉"七一勋章"。

一条水渠就是一座丰碑

黄大发在绝壁"天渠"上巡查

半个世纪前,河南林州的十万开山者历时10年,绝壁凿石,挖渠引水,把中华民族的一面精神之旗插在了太行之巅,世人谓之"红旗渠"。

在革命老区遵义的莽莽深山里,同样藏着一条生命渠——7200米长的主渠,2200米长的支渠,在大山之间蜿蜒盘旋。这条历时36年之久,绕三重大山、过三道绝壁、穿三道险崖的水渠,被当地群众亲切地称为"大发渠"。

修建这条生命之渠的领头人,是老共产党员、生于1935年的遵义市播州区平正仡佬族乡原草王坝村党支部书记——黄大发。

再也不能这样活

贵州省遵义市草王坝村（现团结村）是一个被众多险峻的山峰藏得死死的村庄。千百年来，这里的人祖祖辈辈吟唱着一首心酸的民谣："山高石头多，出门就爬坡。一年四季苞沙饭，过年才有米汤喝。"

因为没有水源，这里石漠化极其严重。严重到什么地步？水比油贵。草王坝村全村老少守着一口望天水井，不分昼夜地排队挑水，接一挑水要等一个多小时。种水稻就更难了，望天水根本不够打田，地里只能种点苞谷、红苕和洋芋（方言，指玉米、甘薯和土豆），吃的只能是苞谷沙饭。

水是草王坝村的穷根，是草王坝村人生生世世的想、年年岁岁的盼、日日夜夜的求。

1958年，23岁的黄大发光荣地加入了中国共产党，并被村民们推举为草王坝村大队大队长。当上大队长后，这位自幼父母双亡、四处流浪、吃百家饭长大的汉子，给自己立下了"军令状"。

"水，是草王坝村救命的东西，不解决乡亲们的吃水问题，绝不收兵。"黄大发经过多次实地探勘，发现草王坝村西侧的螺丝河是理想水源，但这条河因为大山的阻隔，没流入草王坝村，而是流向了相距几公里远的野彪村。只要想办法把野彪村的水引过来，草王坝村缺水的问题也就迎刃而解了。

草王坝村和野彪村之间虽只相隔几公里远，但这几公里并不是平坦大道，而是"天路"。螺丝河河谷纵深切割，两岸的悬崖峭壁像一把锋利的刀，割断了草王坝村的引水路，也割断了草王坝人喝水的梦，他们只能眼巴巴地看着金子般的水白白流走。

"算了，隔这么远，水不可能过得来。"看着眼前的大难题，村里人曾劝黄大发放弃。

黄大发时常走上山渠开展维护、疏通工作

"我一定要把螺丝河水引过来,让大家喝上干净水,吃上白米饭。"黄大发对村民们许下承诺,心里也打定了主意:要像愚公移山那样,劈山挖山,依山凿渠,凿出一条救命渠。

这一设想得到了政府的支持。从20世纪60年代开始,黄大发就带着村民开始修渠。他和乡亲们攀岩走壁,靠原始方法确定等高线,用钢钎、铁锤打通了116米长的隧道。因为有河南林州"红旗渠"的样板,黄大发他们给自己开凿的水渠起了一个时髦的名字——红旗水利,寓意是打造一条遵义的"红旗渠"。

经过13年的艰难施工,水渠完工了,但由于不懂技术,没有用水泥固坝,洪水一来,几下子就把沟渠冲垮了。

其间,村民修修补补了十几年,办法想尽,可水就是流不进草王坝村。全村人用水的梦在这十几年的时间里被反复拉扯,最终还是破灭了。

草王坝村村民喝水的问题又成了老大难，黄大发仰天长叹："这样的日子何时是个头啊！"

一次全乡大会后，在干部聚餐的餐桌上，另一个乡镇的一名干部不无戏谑地问黄大发："黄书记，是大米饭好吃，还是你们草王坝的苞谷沙饭好吃啊？"

黄大发被这句话深深地刺痛了，当时的他坐立不安，苍老的脸显得尴尬无比，嘴里的饭难以下咽，心里酸楚得想哭："我恨啊，可泪水只能往肚子里掉。"

那一刻，黄大发下定了决心，这一生必须把乡亲们用水的问题解决了，把通往外界的路修好，还要通上电，也让草王坝村的夜晚像城市一样灯火通明。

与天再斗一回合

"没有文化就没有方向，光靠蛮干，注定修不成功。"

壮志未酬誓不休。失败的教训刻骨铭心，黄大发思考着解决问题的办法。既然是技术问题，那就从技术入手。可是这技术上哪儿去学呢？那些年，黄大发四处求教，学习水利技术。只要听说哪里有在建的水库沟渠工程，他就背着干粮匆匆上路。无论路途多么遥远，无论要翻几座大山，要蹚几条大河，他都徒步过去，一边走，一边看，一边学。

1989年，听说附近的枫香区水利站要办培训班，黄大发兴奋不已，已经54岁的他主动申请跟班学习水利技术。

"印象中，他上课总是很积极，不懂就问，从不怕别人笑话。"时隔多年，当时一起在水利站学习的刘关刚对那个执着的五旬老汉记忆犹新。

"当时他甚至连20公分是什么都不知道,也不明白水准仪上的正、负刻度代表什么含义,整个人像白纸一张。"的确,黄大发闹了很多笑话,但正如刘关刚所说的那样,他不怕别人笑话。不识字,他就一个字一个字地临摹;不懂测绘,他就缠着技术员对着图纸讲解;不会用工具,他就在一旁专心看别人怎么用……捧着一颗求教的心来,这位五旬老汉谦逊得像个小学生。

就这样从一点一滴学起,从最基础的东西学起,黄大发用三年时间从零起步、从头开始,掌握了许多修渠知识,知道了什么是分流渠,什么是导洪沟,还学会了开凿技术。

黄大发积蓄着能量和力量。

转眼到了1990年,这年100多天的大旱似乎要把草王坝村的乡亲们往绝路上逼。至今,回想起那一年,黄大发还忍不住掉泪:"撑不住了,孩子们没水喝,一直哇哇叫。没粮食没水,连苞谷沙饭都难吃得上啊!"

不行!水的问题到了不得不解决的时候了,草王坝村人不信邪、不信命。黄大发手一挥,脚一跺,心一横:"再修一次渠!"

"草王坝能通水,我用手掌心煎蛋吃。"失败的阴影还萦绕心头,村民一片质疑声。

"哪怕用命去换,我也一定要把渠修通。"黄大发不服气,更不放弃。村民动容了。

1990年冬,草王坝村水渠工程立项。然而,摆在黄大发面前的第一道难关就是凑钱。按照当时的政策,修建这样的工程,国家补助材料,匹配一定资金,村民投工投劳,需自筹部分资金。算下来,全村900多人,要凑1.3万元。

"那时候,村民年人均纯收入仅为80元。他召开村民大会,提出每家每户凑钱,作为村支书,他最先拿出100元。"村民杨春友回

黄大发说："大发渠的溪水捧起来就可以喝。"

忆道。草王坝村村民的所有干劲似乎就是在那一夜被点燃，有的外出借钱，有的把家里的存粮拿到集市卖了换钱。

仅仅三天时间，1.3万元全部凑齐。

1992年正月初三，水渠工程开工。黄大发冒着大雪，扛着钢钎，带着几百人的队伍往山上赶。

"每20米水渠被确定为一个桩号，每个桩号按照施工难易程度确定不同数量的人工，每个家庭按照土地多少确定要投劳的人工。"这一次，黄大发信心满满，一步步精心部署，绝不容许有丝毫闪失。

"从材料运输到实地施工，将近60岁的黄大发总是冲在最前面。""放炮需要的炸材，是他来回步行36公里从乡镇背回来的。"

"筑渠需要的水泥，也是他到县城去运。有一次，运水泥的车行至半路突遇暴雨，陷入泥潭，他担心水泥被偷，硬是在水泥包上睡了一夜。"

说起黄大发为水渠的付出，村民们记得清清楚楚，话语间满是敬佩和感激。

绝壁凿渠，每一处都充满未知和危险。擦耳岩是最险的一段，壁立千仞，岩壁中间有个凸起的岩石挡住了视线，看不到前面的情况。悬崖上没有树枝，全是秃岩，稍有不慎便一命呜呼。"太危险了，给多少钱都不干。"没人敢动工，连请来的施工队也停下了手脚，黄大发就用大绳拴住腰，带头翻了过去……

日复一日不停歇，水渠一尺一米地向前延伸，清澈的河水爬上了悬崖、峭壁、陡坎。千百双手，一颗颗心，水每向前流一寸，草王坝村村民离梦想成真就更进一步。

立下愚公移山志，敢教日月换新天！

1995年，一条跨3个村、10余个村民组，主渠长7200米、支渠长2200米的水渠终于完工！看着清澈的渠水绕三重大山、过三道绝壁、穿三道险崖，最后流进草王坝村干旱已久的坡地时，整个村子沸腾了起来。鞭炮声、鼓掌声不绝于耳，杀猪摆席，搭台庆功，好不热闹！

一诺成渠，而此时，60岁的黄大发哭得像一个孩子。

3年呐！这3年时间到底放了多少炮，炸了多少岩石，凿了多少方土，断了多少钢钎，坏了多少锤子，没人能数得清。

黄大发兑现了当初的承诺，乡亲们就管这道水渠叫"大发渠"，草王坝村也自此改名为"团结村"。

一起奔小康

1995年，村民期盼的水渠终于竣工了，团结村利用充足的水源大力开展"坡改梯"建设。农闲拼命干，农忙抽空干，团结村的稻田从240亩增至720亩。

昔日的荒山秃岭上，10万株温州蜜橘、李子已经开始有收益，家家户户养殖的猪、羊、牛、马、鸡、鸭的数量也大大增加……从此，团结村有了干净水喝，有了白米饭吃，梦寐以求的温饱得到了解决。

黄大发又开始思考如何让团结村通路和通电的问题。

当时的团结村，通往外界的路只有一条黄泥巴小道，村民外出要蹚过两条河，翻过一处悬崖。一发大水，团结村就成了孤岛。没有路，村民仅能解决温饱，无法实现发展。黄大发说："修一条像样的公路，是我给自己立下的第二个目标。"

这年春节刚过，黄大发就跑到县城，申请修建通村公路。在上级党委和政府的关怀下，县里专门安排补助资金用于购买修路的炸药等物资。于是，黄大发又带领乡亲们像当初修渠一样，投工投劳修路，每天100名村民上工，大家齐心协力，4公里的通村公路很快铺通。路刚通的那一阵，全村老老少少带着家人、朋友在路上跑来跑去，一片欢声笑语。

公路通了，接下来最重要的事情就是通电，得让大家过上敞敞亮亮的日子。1996年，村里启动通电工程，黄大发组织大家凑了1万块钱。为节约电杆钱，每两户村民"承包"一根电杆——上山砍树。一圈上百斤重的电线，村民挽在肩头往前拉……通电那天，家家户户都通宵开着灯，高兴得睡不着觉。

后来，为了让村里的小孩读书不再长途奔波，黄大发又组织村民在村里建小学……

"不怕山高石头多，苦干就能把贫脱，打岩引水造梯田，穷村变成金银窝。"新的歌谣让人兴奋。然而，从温饱到小康，团结村还有一段路要走。

脱贫攻坚战打响后，2016年8月10日，黄大发到播州区花茂村

一条水渠就是一座丰碑

黄大发（中）与村民交流水果种植技术

参观。看到花茂村人人幸福的样子，80多岁的黄大发开始追问自己："虽然如今的团结村村民的荷包日渐鼓起来，但还没有脱贫。没有水，可以号召大家开山凿石，但脱贫攻坚这座无形之山，该如何开凿？又该怎样翻越？"

调整农村产业结构是当务之急。2017年，在中天金融股份有限公司的帮助下，黄大发号召村民改种黄桃、方竹笋、中药材，养猪、养蜂，以便尽快摆脱贫困，走上致富路。

不久，500亩精品黄桃和有机蔬菜的种植项目在团结村铺开，5400头猪仔、1000箱中华蜂让村民找到了致富门路。村民收入持续增加，脱贫致富目标正在逐步实现。

以前的穷山沟变成了旅游景点，闲置的农舍也打造成了乡村旅馆。现在的团结村不仅有学校、医院，还有了公交车。山上的贫困户也都搬下来住进了安置小区。

初夏暖阳里，黄大发站在"大发渠"边，讲述着他与渠的故事，胸前的党徽在阳光的映照下熠熠生辉。"大发渠"被遵义市播州区打造成为党性教育基地，黄大发每天要上两堂党课，向前来参观学习的人们讲述"大发渠"的精彩故事，"大发渠"的时代精神不断感染着越来越多的人。

2019年7月，在贵州省"不忘初心、牢记使命"先进典型专题报告会上，黄大发作了报告，他说："我还要为党干点实事，一直干到死的那一天！我们共产党员要奋斗终生，要干一辈子革命！"

一条水渠就是一座丰碑，黄大发倾其一生镌刻出了这无比深刻的碑文。

用生命排雷

——记"扫雷英雄"杜富国

杜富国简介

杜富国，男，汉族，1991年12月出生，贵州湄潭人，中共党员，2010年12月入伍，服役于云南省西双版纳傣族自治州，2015年加入扫雷部队，现任南部战区陆军云南扫雷大队上士。杜富国是不畏艰险、不怕牺牲的扫雷英雄，他把忠诚刻入灵魂，把雷场当作战场，先后1000余次进出雷场，排雷排爆2400余枚。他苦练排雷技能，熟练掌握10余种地雷排除方法，所有考核科目成绩均为优秀。2018年10月11日，他随队参加边境扫雷行动，在清理未爆弹时，面对生死考验主动靠前。在发生意外爆炸的瞬间，他因奋不顾身地保护战友，身受重伤，失去双手双眼。接受治疗期间，他意志十分坚定，渴望早日康复，再上雷场。他为边境扫除雷患，为战友血染雷场，虽然失去双手双眼，但给边民带来安全和希望。获"时代楷模""感动中国2018年度人物""全国自强模范""排雷英雄战士""全国敬业奉献模范""最美奋斗者""全国优秀共产党员"等称号。

杜富国,贵州省遵义市湄潭县兴隆镇太平村人,2010年12月入伍,南部战区陆军某扫雷排爆大队战士。2018年10月11日,在执行扫雷任务时,杜富国命令战友"你退后,让我来!"排查过程中,突遇爆炸,在那一瞬间,他用身体保护了战友,而自己却失去了双手双眼。

2018年11月18日,南部战区陆军党委授予杜富国同志一等功一次。2019年2月18日,获得"感动中国2018年度人物"荣誉;同年5月16日,荣获全国自强模范;同年5月22日,中央宣传部授予杜富国"时代楷模"称号;同年7月2日,杜富国先进事迹报告会在北京举行;同年7月31日,中央军委主席习近平签署命令,授予杜富国"排雷英雄战士"荣誉称号;同年9月25日,被中央宣传部授予"最美奋斗者"荣誉称号。2021年6月28日,被中共中央授予"全国优秀共产党员"称号。

听党指挥、牢记使命

杜富国同志政治素质过硬,理想信念坚定,自觉加强党性锻炼。入伍以来,他经历多次艰难险阻,经受多次生死考验,始终怀着对党的无限忠诚、对理想信念的执着追求、对边防事业的满腔热爱,大力弘扬听党指挥、能打胜仗、作风优良的优良传统,不忘初心,继续前行,无怨无悔,用优异成绩回报党和部队的教育培养。

从小听着红色故事长大的杜富国,最大的愿望就是当一名军人。

用生命排雷

杜富国同志先进事迹报告会

2010年冬天，杜富国参军入伍，服役于云南省西双版纳傣族自治州。在祖国的南疆云南省麻栗坡县老山雷区，战争遗留的地雷等爆炸物多达130多万枚。密布的地雷威胁着人民的生命财产安全，制约着边疆的建设发展。在这里生活的百姓几乎家家都不同程度地受到过地雷的威胁，继中越边界第一次、第二次大面积扫雷行动后，2015年，国务院、中央军委启动第三次大面积扫雷行动，明确要求彻底清除雷患。当时在西双版纳服役的杜富国同志，得知要组建扫雷大队的消息后，第一时间递交了申请。他在请战书中写道："正如我五年前来到解放军这个光荣集体时的想法一样，那时的我思索着怎样的人生才是有意义、有价值的，衡量的唯一标准是真正为国家做了什么，为百姓做了什么。我感到冥冥之中，这就是我的使命，我要去扫雷。"2015年6月开始，杜富国和来自不同单位的几百名战友，义无反顾地踏上扫雷之路。"雷神"成了他的微信名，他的QQ昵称则是"征服死亡地带"。

不怕吃苦、不畏牺牲

云南省麻栗坡县猛硐乡，是老山主峰所在。30年前的战争，参战双方在这里留下了大量的地雷以及遗落的弹药等。杜富国所在的云南扫雷大队的任务是排除这一带的地雷及残留弹药，消除隐患，保障边境人民群众的生命安全。

2018年10月11日下午，在经过准备后，战士们继续使用探测仪探寻潜藏在地下的可疑物。因为几十年的腐蚀，以及植物生长产生的根系缠绕，埋藏在地下的爆炸物风险巨大。一颗沙粒的滚动，都可能成为引爆的因素。作业组长杜富国带领战士艾岩在一个爆炸物密集的阵地雷场搜排时，发现一个少部分露于地表的弹体，初步判断是一颗当量大、危险性高的加重手榴弹，且下面可能埋着一个雷窝。杜富国马上向分队长报告。接到"查明有无诡计设置"的指令后，他命令艾岩："你退后，让我来！"艾岩后退了几步。正当杜富国按照作业规程，小心翼翼清除弹体周围的浮土时，突然"轰"的一声巨响，弹体发生爆炸，他下意识地倒向艾岩一侧。飞来的弹片伴随着强烈的冲击波，把杜富国的防护服炸成了棉花状，也把他炸成了一个血人，杜富国因此失去了双手和双眼。面对危险，杜富国把生的希望留给他人，把危险留给自己，用血肉之躯挡住了手榴弹爆炸产生的弹片，正是由于杜富国这舍生忘死的刹那一挡，两三米之外的战友仅受了皮外伤。

真抓实干、求是创新

杜富国无论在任何岗位，始终坚持高标准、严要求，干一行，钻一行，精一行，使出了"绣花针"，拔出了"虎口牙"。在扫雷作业中，

用生命排雷

杜富国在战友的帮助下书写新年祝福

他强化军事训练,提升技术能力,创新作业方式,探索出"田字切割法",提高了爆破效率;总结出"分块扫描、木棍标识、交叉划线、精确定位"的搜排要诀,提高了探测速度、精度;制作了10多种装运沙箱,提高了爆炸物的搬运效率和安全系数。三年多来,他进出雷场1000余次,累计作业300多天,搬运扫雷爆破筒15吨以上,在14个雷场累计排除地雷和爆炸物2400多枚。从一个"门外汉"成长为技术精湛的组长和新军教官,练就了"听声辨雷"的拿手绝活,成为大家心中的"全能雷神"。

牢记宗旨、无私奉献

杜富国时刻把党和人民的利益放在首位,坚持以人民为中心,自觉践行人民子弟兵服务人民的庄严承诺。他主动深入基层，了解边情，为边民排忧解难，用汗水、鲜血甚至生命为人民扫雷，保护人民群众生命财产安全，把一块块"死亡之地"变成"和平之地"，书写了新时代军民鱼水情的感人篇章。踏上扫雷之路以来，他和战友们征服的57.6平方公里雷区，如今已变成村民安心耕种的田园。他和战友们的付出，获得了边民支持，甚至有边民将杜富国当作救命恩人。在他受伤住院期间，部分边地乡亲，穿上隆重的民族服装，带上鲜花和自家土鸡蛋，冒着瓢泼大雨，一路颠簸7个小时，赶到医院探望英雄，用最朴实的语言和行动表达感恩之情。

据杜富国的姑姑杜静说，侄儿的微信名字叫"雷神"，以前偶尔会发一些在雷场作业的图片，"看得人胆战心惊"。她说，跟侄儿聊天，或在探亲见面时，她都提醒他小心点。但侄儿却笑着说："没得事，我是'雷神'，还穿防爆服的。"

杜富国是红色老区遵义培养出的优秀儿女，是用生命担当使命的新时代英雄战士。他把忠诚刻入灵魂，把雷场当作战场，为人民扫除雷患，为战友血染雷场，用实际行动传承红色基因，诠释新时代革命军人的使命担当，展现人民子弟兵的优良作风，是有灵魂、有本事、有血性、有品德的新时代革命军人，是新时代遵义人民的杰出代表，为红色遵义精神注入了新时代内涵。正如感动中国组委会的评语："'你退后，让我来！'六个字铁骨铮铮，以血肉挡住危险，哪怕自己坠入深渊。无法还给妈妈一个拥抱，无法再见妻子明媚的笑脸，战友们拉着手趟过雷场。你听，那嘹亮的军歌是对英雄的礼赞！"

爱与责任　无问西东

——记贵州省台江县民族中学终身名誉校长、原校长陈立群

陈立群简介

陈立群，男，汉族，1957年11月出生，浙江临安人，中共党员，贵州省台江县民族中学终身名誉校长、原校长。他退而不休，拒绝百万年薪，来到国家级贫困县的中学任校长。他采用先进的教学理念，提升教学质量；设立"陈立群奖教金"，大力培养教师队伍；自费资助贫困学生，用心哺育祖国未来。他怀着一片丹心走出教育扶贫路，用爱与责任呵护了贫困学子的求学梦。获"时代楷模"、全国教育改革创新杰出校长奖、第七届全国道德模范提名奖、"全国优秀共产党员"等荣誉。

头顶"全国名校长"的光环从任上退休，婉拒百万年薪聘请，离开繁华都市和亲人，远赴黔东南偏远山区无偿支教，成为当地唯一一所民族高中的校长，躬身教育扶贫，重视"精神成长"，不改初心本

色……他用师者的爱心和责任,为民族地区的基础教育注入时代精神,为边疆地区孩子点燃梦想与希望。

——题记

在贵州省黔东南苗族侗族自治州的贵州省台江县民族中学(以下简称"台江县民族中学"),有一位杭州来的校长,赢得了当地政府和百姓的广泛赞誉。他,就是生于1957年的支教老校长陈立群。

陈立群原为浙江省杭州学军中学校长。担任校长30余年的他,把教育工作者的爱心与责任内化于心、外化于行,始终不忘初心、矢志不渝,从教履历闪亮着一串串耀眼的荣誉:浙江省内首创宏志班,国内首创精神教育;出版专著10余本,《宏志精神迁移的实践研究》获浙江省新世纪十年基础教育重大课题评比一等奖,《宏志精神引领下学生精神成长的行动研究》被列为教育部重点课题;带领多所学校从平凡走向卓越,是位响当当的"全国名校长"。

退休之后,他重整行装再出发,远赴贵州山村义务支教,并于2016年8月开始担任台江县民族中学校长,使学校和当地整个教育工作面貌发生了翻天覆地的变化。

坚守爱与责任的师者情怀

"人类道德的基点是爱心与责任感",这是陈立群常对师生们说的一句话。作为教育工作者,他认为这是最基本的职业素养和要求,要把这句话刻在内心。

自从投身教育事业,陈立群走得很坚定,干得很出色。从浙江桐庐毕浦中学,到窄溪中学……杭州长河高中、学军中学,从教43年,历9所学校,担任校长32年,不同的学校,不同的生源,不同的起点,他总能化腐朽为神奇,把原本普通后进的学校带到当地拔尖的水平。2001年,他在浙江首开宏志班,以回原籍高考的大胆创举践行教育公平理念,更以"宏志精神"兴起、发展和迁移的实践研究,首先举起"精神教育"的大旗。

2016年3月,年近60岁的陈立群来到黔东南苗族侗族自治州开展义务支教,并于同年8月应邀担任台江县民族中学校长。看到当地落后的教育现状,强烈的责任感让他夜不能寐。而与此同时,杭州多家民办学校纷纷向这位即将退休的名校长投来橄榄枝,并许以百万以上的年薪,都被他婉言谢绝。

台江,当时是中央组织部和杭州市对口帮扶的国家级深度贫困山区县,台江县民族中学3000多名学生中,属于建档立卡的贫困户就达1200多人。陈立群刚到台江县民族中学上任时,走进学校食堂直接被吓到:偌大一所学校,只有一个食堂、一口锅。一到用餐时间,师生们排着长队,半天打不上饭。学生宿舍的条件也十分糟糕,几十个人挤在一个大房间,除了床,几乎没有什么配套用具,卫生间臭味扑鼻……

他首先下大力气解决师生的吃住问题。学生食堂,从一个增加到三个,消除了打饭排长队的现象。另单独开设教工食堂,通过伙食补贴降低教师餐饮开支,提高伙食质量,严格实行卫生管理,教师们从过去大都回家吃饭,变为一日三餐在校吃饭,这样就有了更多的时间和学生交流。陈立群到校两个多月时间,就让学生搬进了能容纳6—8人、带独立卫生间的宿舍,全校实现寄宿制管理。

硬件设施改变的同时,学校的教学水平也在突飞猛进。此前,全县中考前100名的学生,留在本地读高中的只有十来个人。而今,台江县民族中学的招生录取分数线提高了近200分。考上本科的学生,按照进出口增量计算，已经从全州垫底冲到了全州第一。辍学的学生从以往的每年100多个，到后来的"净流入"。当地老百姓用自己的选择，表达了对陈立群校长的支持和信心：2017年，台江县中考前100名的学生，留在本地读书的有95人；2018年，全县中考状元也第一次留在了台江县民族中学。

关注精神成长　为师生立志

陈立群常引用德国哲学家、教育家雅斯贝尔斯的观点："教育首先是精神成长,其次才成为科学获知的一部分。"无论对学生还是老师、家长，他都格外重视"心灵唤醒""精神教育"的力量。

走近台江民族中学的教学楼，两幅巨大的红色条幅格外醒目，文字是陈立群亲自撰写的。上联是"一生诚做基,不装不作不混,励志笃行出大山"；下联是"万代勤为本,用力用脑用心,真才实学报家国"。

初到台江民族中学，陈立群在旁听时，偶然发现一个高二教室的愿景墙上贴着一名男生三年高中的愿景是"娶一个老婆回家"，陈立群当即找到班主任，带着责问的口气说："你怎么可以把学生闹着玩的东西放在相对严肃的愿景墙上？"班主任带着委屈说："这就是这个学生的真实愿景啊！"将信将疑的陈立群找到这位学生，学生的回答让他大吃一惊——"我的父母交代我说：'寨子里有很多光棍，你书读得好一点差一点都没关系，但一定要娶一个老婆回来。'"

自从陈立群做了台江县民族中学的校长，师生们就多了一个节日——"12·9励志节"。每年的这一天，高三年级的师生以班为单位，都要在校园里种一棵"志向树"。树下，还埋有一个瓶子，里面是全班学生的高考志向和人生理想。从台江县民族中学的大门往里走几步，

陈立群和苗乡的孩子们在一起

就能看到全校师生种下的"志向林",如今已是葱茏一片了。

树是苗族的图腾。苗族同胞有"生死一棵树"的习俗:出生时种一棵树,离世时把这棵树砍下,作为自己的棺木。陈立群为苗族人和树木的生命关系,充实了"志"的新内涵。

陈立群通过班会、成人仪式、升旗演讲、朗诵比赛、游学、社团活动、读书活动等,激发师生们对"志"的理解和思考,希望苗族师生都能培养起"高远的志向、高昂的志气、高雅的志趣",使其成为引领、陪伴一生的精神武装。

教育是阻断贫困代际传递的治本之策。如何在欠发达地区恢复和创设尊师重教、耕读传家的良好民风?陈立群号召老师们走进寨子,让村民们充分认识到教育对于改变贫穷落后面貌的重要意义。在当时中央组织部帮扶台江工作组的协调下,陈立群亲自培训驻村第一书记，内容包括教育与脱贫、尊师重教、家庭教育等。在县委、县政府的大力支持下，高考后，陈立群将教师分成几个组，走进寨子给高考中榜家庭送喜报，大力宣传"考出一个孩子、脱贫一个家庭、带动一个寨子"的典型事迹，启发村民重视教育。

校长是孩子们的"大家长"

作为一校之长，陈立群更像一个"大家长"，时时为孩子们操心。台江县民族中学的学生家长，有一半以上在外打工。父母常年不在身边，导致很多学生缺乏完整的家庭关爱。还有部分学生因为父母离异或重男轻女的陋俗从小被遗弃。陈立群非常关心关注困难家庭、留守家庭学生的身心健康，不遗余力地确保每一个孩子能安心学习、健康成长。到贵州工作之后，他出钱资助了多名贫困学生。

只要听说有师生生病住院，他再忙也要挤出时间亲自去探望，多次亲自送学生到医院并陪伴学生挂点滴。某天晚上10时许，陈立群第二次去医院看望高烧住院的学生田美。这是个单亲家庭的孩子，妈妈远在广州打工。尽管病得较重，田美执意要求第二天回学校读书。陈立群说："生命重要，还是学业重要？"田美回答："一样重要。"陈立群俯下身子，亲切地对田美说："傻孩子，学业落下了，还可以补，但生命只有一次。"田美含泪表示："我不想自己将来还是过妈妈现在过的日子。"多么朴实又迫切的愿望！简短的交流让陈立群揪心不已。离开医院后，他就对田美回校后的补课做了周密安排。田美治愈出院后，在老师们的帮助下，很快就把耽搁的课程补了回来。

高一（3）班的学生毛进行是2018级报到最晚的学生。暑期，他搭乘叔叔的摩托车从老家赶往县城，途中不幸遭遇车祸，腿被摔骨折，住进了医院。陈立群听说后，想方设法帮助毛进行筹集手术费用，保证他及时得到有效医治。出院时，陈立群还自己出钱特地安排校办老师去凯里买了轮椅送到医院，把毛进行接到学校。那段日子里，毛进行虽然还不能正常行走，但他每天坐着轮椅学习，课程一点都没有被耽误。

陈立群还特别关心贫困学生，为了及时摸清学生的家庭情况，每逢周末休息时间，陈立群都会走村串寨，对困难家庭的学生进行家访，鼓励家长让学生完成学业。后来，陈立群的家访足迹已遍布全县各乡镇的许多苗寨，看到暂时困难的贫困家庭，他总是忍不住出钱帮扶，累计已达10多万元。陈立群说："我就是一介书生，我一辈子只做一件事，就是教好书，做好我自己的教育工作，不为功利，不求功德，只为心愿，这个心愿就是有更多的苗族孩子能够走出大山，去实现他们的人生目标。""民众整体文化素质水平的提升，是国家可持续发展和长治久安的基础。中国那么大，教育欠发达地区那么多，总要有人站出来去做这些事。"

培养一支"不走的"教师队伍

中央组织部陈希部长亲切接见陈立群时，充分肯定他在扶贫工作中的贡献。陈立群在向陈部长的汇报中提到，"所有的帮扶总是暂时的，所有的支教总是要结束的，关键在于增强贫困地区教育可持续发展的'造血功能'。"在支教结束前，陈立群希望培养当地的"造血功能"。除了管好一所学校，他开始培训全县、全州乃至省内其他地区的校长和教师。

陈立群曾被两度聘为教育部中学校长培训中心兼职教授，应邀为教育部中学校长培训中心的全国优秀校长研修班授课30余次。来到黔东南州以后，陈立群已多次应邀为当地的贺代明、汪海清名校长工作室的校长们义务授课，并被聘为"黔东南州校长教师专业发展培训首席专家"和"教育部中学校长培训中心专家贵州省工作站专家"。贵州省教育厅专门成立了"贵州省陈立群名校长领航工作室"，首批30名学员来自省内各个地区。

如今，陈立群义务作报告和开讲座的足迹已遍布黔东南州的16个县、市以及一些州外的县、市，累计已有60余场，接受培训的校长、教师已超过1万人次。在听了陈校长的报告后，当地的教师们都说："陈校长的报告是至今为止所听到的最好的报告，既有理论高度，又非常接地气，收获很大。"

为了充分发挥陈立群的名校长引领辐射作用，台江县教育和科学技术局组织全县的18位中小学校长分成6批到台江县民族中学学习。陈立群始终做到热情相待，对校长们提出的问题给予一一解答。2019年2月，贵州省委组织部、贵州省教育工委、贵州省教育厅联合下文，要求全省各县、市、区学习推广台江县教育"组团式"帮扶的经验。

淡泊名利，立德树人。从2009年开始，陈立群与爱人商量后，决定把他获得国务院政府特殊津贴和杭州市杰出人才奖的20多万元钱拿出来，并动用整个家族的力量，设立"奖教金"。目前，该奖金在台江民族中学已先后发放多次。陈立群还表示，要想方设法让这个项目能够一直延续下去。

陈立群义务支教的举动，在浙江、贵州，乃至全国各地引起了巨大的反响。如今，更多的杭州退休或在职教师跟随陈校长的脚步来到黔东南州支教，仅台江县民族中学就有近20位这样的教师。

眼中有爱　大山何处不光明
——记贵阳市白云区第三中学盲人教师刘芳

刘芳简介

刘芳，女，汉族，1971年5月出生，贵州贵阳人，中共党员，现为贵阳市白云区第五中学盲人教师。从教25年来一直扎根农村中学，担任过五届班主任和十六年的语文教师，2007年她因为视网膜色素变性导致双目失明，转型做了校内的心理辅导老师，从此承担起学校的未成年人德育教育工作。2015年因为成绩突出，贵阳市教育局为她成立了"刘芳工作室"，2016年省教育厅为其成立了"乡村名师工作室"。2015年入围"感动中国2015年度人物"候选人。获"时代楷模""全国优秀德育课教师""2019年全国自强模范""2021年全国优秀共产党员"等荣誉称号。

"我们平时一定要和孩子多沟通交流，了解孩子的想法，试着和孩子做朋友，多倾听他的心声。"

"感谢你对我的信任，愿意求助于我，孩子的行为很多时候会受到家庭的影响，我们在对孩子感到失望的时候，也要反思一下自己是否做出了不良示范呢？"

白云区第三中学的教师刘芳，正在用微信语音给两个家长做心理辅导，这两个案例她已经连续跟踪访问了一个星期。在不断沟通、交流的过程中，家长和孩子的关系也在不断缓和。

如今专职做心理辅导老师的刘芳，1993年大学毕业后站上讲台教授语文，1997年因患视网膜色素变性而逐渐失明，2007年彻底失明，此后转型为心理辅导老师，一直坚守教师岗位至今。

教书、心理辅导、写书、做电台节目，帮助盲人群体，虽然身处黑暗之中，但刘芳却凭借惊人的毅力和积极乐观的心态，散发出无限光芒，照亮了许多人的生命，被称为"中国大山里的海伦·凯勒"。

2016年"时代楷模"发布现场，中国楹联学会为刘芳创作对联，写道："心底无私，故事几多皆感佩！眼中有爱，大山何处不光明？"

坠入黑暗 寻找自己的光明

刘芳患上视网膜色素变性后，光线一点点在眼前变弱，到最后世界只剩下一片黑。

"医生告诉我病情时，犹如晴天霹雳，我顿时陷入了无尽的恐慌之中。"1997年，刘芳的病被诊断出来了，发病率只有百万分之一的病发生在自己身上，这让当年26岁的她难以接受。

尽管从教才四年时间，刘芳却非常热爱语文教学。"我不愿意放弃教课，也不愿意就这么成为一个没有用的人，我一定要继续留在学校。"强大的信念让刘芳的心态逐渐缓和，她开始用残存的视力背下了初中三年的语文教材内容，阅读了大量的书籍，这让她在教学中有了更多的知识储备。尽管视力越来越差，课却讲得越来越精彩。

"刚开始总是碰着桌子、椅子，腿上、胳膊上经常有瘀青，时常感到沮丧、伤心。好在同事们从来不嫌弃、不抛弃，让我和大家活得一样有尊严、有归属感，孩子们也给了我巨大的力量，只要走进课堂，听到的都是欢呼声，无论在学校的哪个角落，孩子们都会主动来帮助我。"刘芳回忆说，来自周围的善意让自己感到宽慰，也让她逐渐改变心态，充满了坚持下去的力量。

如今的刘芳，扫地、洗衣服、倒水、泡茶，动作熟练得与常人无异。借助盲人软件，用电脑打字办公，使用智能手机，处在信息化时代的她，从没有停止学习奋进的步伐。

敞开心扉　为学生寻找光明

在刘芳的办公室里，隔三差五就会有小客人到访，他们总是拉着刘芳的手，围坐在火炉旁说着悄悄话。

"我看不见，孩子们对我没有心理防备，更容易敞开心扉。"刘芳说，2007年开始，自己退下讲台，专职做心理辅导，在学校成立"芳芳聊天室"，每天接受孩子们的心理咨询。

"你知道吗？我们学校有个刘芳老师，她以前上课可有意思了！""她人很和蔼！""我跟她聊天，她说话也好玩！"……咨询的同学多了，聊天室逐渐成为学生们心中的"秘密基地"，刘芳也成了学校的"红人"。

"我是学校里唯一的盲人教师，孩子们出于好奇也好，同情也好，都听说过我的事情,用不同的方式接受了我,这让我做心理辅导工作的动力十足。"刘芳笑着说。

但要成为专业的心理辅导老师并不容易,以前储备的心理辅导内容既宽泛又抽象,真正实践起来十分困难。

2008年底,刘芳到贵州师范大学参加学生心理疏导系统培训课程,全面深入地学习了心理学方面的知识。"那一次学习让我找到了切入口,回来以后我认真梳理、整理,开始在学校广播里做节目,通过广播给孩子们传达人生道理,利用每个班每周的心理辅导课走进班级,给孩子们答疑解惑。为了解孩子们的想法,我还给许多孩子做了成长记录袋,让孩子们把心里话写出来,放进袋子里保存好,给孩子们建立倾诉的渠道……"刘芳说,心理辅导越做越专业,"芳芳聊天室"也在2015年升级成为"刘芳工作室",2016年由贵州省教育厅授牌"贵州省乡村名师工作室"。

刘芳和学生们在一起

走出校门　把光明传递出去

研究农村学生的心理问题，也给刘芳带来不少启发。"孩子们出现的问题，与家庭、学校、社会都有一定关系，要系统地看待这个问题。"刘芳说。

从 2010 年到 2011 年，刘芳用课余时间采访了 10 所学校的校长，写下了 12 篇报道，她用倾听的方式完成了另外一种对农村教育的反思和梳理。

随后她创作了 16 万字的小说《石榴青青》和 28 万字的小说《花开十年》，真实地反映了农村学校的发展变化和农村教育的现状，她想通过小说让更多的人关注农村教育，关注农村孩子。2015 年，刘芳用小说义卖资金成立了"刘芳助学基金"，用于资助白云区第三中学的贫困学生。

从 2016 年开始，刘芳作为嘉宾主持，参与到《爱聆听》公益广播节目中，收集老师、家长和孩子们的困惑，帮助他们解答心理难题。"节目里上半场我讲故事，下半场接听听众的电话。"刘芳说，与更多的人交流，让她明白了心理疏导的重要性。

除此之外，刘芳还是贵阳市盲人协会主席，这让她有机会走进更多盲人朋友的世界。到特殊学校做演讲，参加文学创作，填写公益歌曲，她努力带动更多的残疾人积极面对生活。

这些年刘芳获得的荣誉很多，"时代楷模""全国三八红旗手""全国优秀教师""最美奋斗者"。她在各地开展了 200 余场演讲，她的故事得到广泛传播，她也把光明向外界传播。

"其实我没什么了不起，我所做的一切都只是一个盲人在尽力发挥自己的人生价值，做一个有用的人。要学的知识还有很多，每一次新的尝试都是在促使自己学习，我也会不断突破自我，一路向前。"刘芳说。

搬动贫困大山的"老愚公"

——记毕节市赫章县海雀村原党支部书记文朝荣

文朝荣简介

文朝荣,男,彝族,1942年3月出生,2014年2月逝世,贵州赫章人,中共党员,生前曾任贵州省毕节市海雀村党支部书记。几十年来,他不向困难低头,不向贫困折腰,带领群众向荒山要绿地,推广良种良法,把全村1.34万亩荒山从风沙四起的"和尚坡"变成万亩林海,把"苦甲天下"的少数民族贫困村带上林茂粮丰的致富路。从党支部书记岗位退下来后,他坚持义务巡山护林近20年。他去世后,被中央组织部、贵州省委组织部、贵州省毕节市委追授为"优秀共产党员",其关于群众工作的方法在贵州全省范围得到推广。获"时代楷模""最美奋斗者"等荣誉。

云贵交界的乌蒙山气势磅礴,景色壮美。然而,经过几千年的垦殖，这里的生态环境变得十分脆弱，严重影响了当地村民的生产生活。贫困像大山一样压在他们身上。时任贵州省毕节市赫章县河镇乡海雀村党支部书记的彝族干部文朝荣带领全村群众战天斗地几十年，硬是在石漠化严重、气候条件恶劣的乌蒙山深处造出万亩林海，实现了全村基本脱贫，而他却因积劳成疾不幸病故。

"有青山常在，才有绿水长流，不然海雀又会回到过去那种我们过怕了的苦日子。"苍翠挺拔的华山松，从村头一直绵延到山顶，30多座山坡，交织成郁郁葱葱的林海，海雀村坐落于其中。文朝荣说："海雀人之所以选择用华山松构筑绿色生态和谐之梦，就是因为华山松经霜耐寒，在贫瘠的土地里不仅茁壮成长，起到涵水养土的作用，还能生籽结果，福荫后人。"

1988年，海雀村的森林覆盖率只有5%，农民人均纯收入仅有33元。时任村党支部书记的文朝荣提出"山上有林才能保山下，有林才有草，有草就能养牲口，有牲口就有肥，有肥就有粮"的思路，带领群众战天斗地几十年，使全村1.34万亩荒山从风沙四起的"和尚坡"变成了万亩林海，价值超过4000万元。村子还被全国绿化委员会评为"全国绿化千佳村"。

生存怪圈里的苦日子：连饭都吃不饱，哪有力气种树？

"海雀村，作坊河；罩子遮齐门槛脚。要想扯尺遮羞布，肩膀当作地皮磨。"地处乌蒙大山深处的赫章县海雀村，平均海拔2300多米，山寒水冷，荒山秃岭；缺水，缺电，无通村公路，全村的苗族、彝族群众基本是文盲，没有一名初中生。这是20世纪80年代初海雀村的状况。

按照彝语，"海雀"是"候确"的音译，是"湖水灌注"的意思。

海雀村过去有三个海子，水从高到低从一个海子流到另一个海子。可当时的海雀村，却找不到一处海子，没有绿水青山，有的只是让人揪心的穷山恶水和连年水打沙壅的生态灾变。

海雀村拉开决战贫困的大幕，是从种树开始的。

1986年春天的海雀村，山上一棵像样的树也没有，就连护卫在一些人家房前屋后的树也少得可怜，扳起手指头就可以数得过来，导致风沙天气经常发生。

毕节市赫章县海雀村生态环境今昔对比

文朝荣暗下决心："一定要与风沙战斗，否则海雀人真的活不下去。"他想到了种树："只要山上有树，就可以把风沙挡住，山上有林就能保山下，有林才有草，有草就能养牲口，有牲口就有肥，有肥就有粮。"

下定决心后，文朝荣迅速召开党支部会、村民代表大会、寨老会等各种形式的思想动员会，动员村民们种树。

可会还没开完，就引来大多数村民的激烈反对："连饭都吃不饱，哪有力气种树？树能当饭吃？"

村民思想不通，村干部领头做给大家看。就这样，村干部白天干农活，晚上就去串门，挨家挨户搞动员。一次说不通，两次，两次说不通，就三次。个别村民意见大，文朝荣就上门苦口婆心地劝说了五六次，终于做通了工作。

在群众思想基本统一后，另一个难题困住了文朝荣。全村有大大小小30多个光秃秃的山头，要在这么大的面积上种树，到底种多少棵树？种什么树，这么多树苗又要去哪里找？树要种到哪年哪月？一连串的问题，让他失眠了。

荒山上开出"绿色银行"：古代愚公挖山开路，种树会有挖山难？

文朝荣左思右想："古代愚公都能挖山开路，我还不信种树会有挖山难？只要全村人齐心协力，把冬天闲着烤火的时间都用上，一年一年地栽，一片一片地栽，光秃秃的山坡一定能长出树林来。"

为了找到苗木，他每天早早地起床，一边向乡里汇报，一边往周边的村子和乡镇跑，县、区、乡的各级干部都被他这样的精神打动了。1987年初冬，林业部门免费提供100亩华山松苗给海雀村，村委自力更生，利用这些树苗又另外培育了35亩苗圃。

这一年的冬天，文朝荣带领全村200多名青壮年顶风冒寒，背着洋芋上山当午饭，开始了海雀村植树造林、绿化荒山的壮举，带领大家在几座山头栽种了800多亩华山松。他还编了鼓励大家种树的顺口溜："种树之人下决心，千难万苦不灰心。关键窝窝要打好，树子最怕栽坐根。一年更比一年大，一年更比一年青。"

第二年春天，种下的苗木迎风生长，村民们看到了绿色的希望，对海雀村的未来充满了信心。

绿了荒山白了头。经过十多年的艰苦奋战，海雀村的森林覆盖率从不到5%上升到70.4%，全村1.34万亩荒山从风沙四起的"和尚坡"

变成了万亩林海，经济价值超过 4000 万元，人均近 4 万元，实现了生态效益与经济效益的良性互动，青山变成了村民的"绿色银行"。

四让救济粮：跟着老支书干，错不了！

时至今日，海雀村的百姓对老支书文朝荣四次出让救济粮的事情还念念不忘。

1984 年春夏之际，海雀村连续遭受冰雹、大风和低温天气的袭击，造成粮食和经济作物大幅减产。全村 130 户 628 人，人均口粮只有 98.5 公斤，群众生活十分困难。1985 年春节前，乡里为群众安排救济粮，文朝荣家也在领取救济粮的范围，但是他笑笑说："群众比我困难，还是考虑群众吧。"他谢绝了。1985 年 6 月初，乡里下拨 2500 多公斤救济粮给海雀村，文朝荣说："作为一名共产党员，在困难的时候，应该先考虑群众，安排好群众的生活。"文朝荣再次婉言谢绝。作为村支书，文朝荣想："全村救济粮指标靠自家一家人让出来，作用还很微小，怎么办？"想了一下，他把眼光盯上了自己的亲戚，主动登门做工作，说服了自己的哥哥文朝升、弟弟文朝华和儿子文德全 3 户让出了自己的救济粮指标，帮助解决村里困难群众的缺粮问题。

文朝荣一刻也没敢忘记海雀人那些吃不饱又穿不暖的苦日子。

村里的赤脚医生王富华向文朝荣哭诉："文支书，家里揭不开锅了，我那儿子、孙子都跟媳妇回娘家恒底村去了，我这张老脸往哪里搁啊！""他们都会回来的。"文朝荣拍着肩膀安慰王富华。其实，他的心里更难受，这都是"穷根"惹的祸，水往低处流，人往高处走啊……这成为文朝荣心里挥之不去的苦难回忆。

多少次，文朝荣在下山赶场或偶有机会到区里开会时，看着山下别的村寨种出的玉米又大又好，他心里好生羡慕。

海雀村地处高寒地带，主要农作物是荞麦和洋芋，种的玉米苗因为肥力欠缺，长得又矮又小。

1990年，为了使村民们尽快走出贫困，文朝荣又背上他的小黄包，装上洋芋下山了。他首先来到农技站，看见一间屋子里堆着一捆捆像胶纸一样的东西。他找农技人员取经，农技人员告诉他："那胶纸就是地膜，要让海雀村种出大苞谷，你扛两捆去试试，肯定很神奇，技术我们来教你。"

这年春天，海雀村破天荒地出现了白色地膜，村民们好奇地围拢来看稀奇。

文朝荣借机向村民们大讲科技兴粮的好处，村民们表示怀疑，地都被胶纸蒙住了，还能长出庄稼？第一年，文朝荣没有说动一户人，只有自家地里种上了地膜苞谷。

秋收时节，他家的地膜苞谷长得又粗又大，全村各寨的老老小小看得眼睛发亮，村民们做梦也想不到，使用地膜覆盖种植，竟然能增加好几倍的产量。

第二年，村民都开始使用地膜种苞谷了。

之后，文朝荣根据海雀村海拔高、土地贫瘠的特点，以科技兴农为先导，带领全村大力发展粮食生产。他积极推广地膜苞谷，使全村每年盖膜不少于200亩，粮食单产亩产从不足50公斤上升到174公斤。他还推行大种绿肥，对土地进行有机改良，保证每年施绿肥的土地面积不少于100亩，有效提高了土地的利用率。1994年，全村粮食总产量创历史最高水平，达到14.46万公斤，是10年前粮食总量的2倍多。

文朝荣笑了。有了科技兴农，海雀人终于吃上了饱饭。

正当大家沉浸在温饱即安的快乐中时，文朝荣开始尝试寻找挣钱的门路。随着山上林茂草丰，文朝荣又带着村民们从发展畜牧业着手,走上了喂猪养牛的致富之路,改变了传统的养牛耕地、喂马骑耍、养羊避寒、养猪积肥、养鸡买盐的观念,教会了村民养畜赚钱。

这一次,海雀人不再瞻前顾后,村民们都说:"跟着老支书干,错不了!"文朝荣用一次又一次的正确判断,让海雀村人彻底信服了。

不能让下一代没文化:偷卖耕牛建学校

山变绿了,温饱解决了,可见过世面的文朝荣没有满足。"与自己的过去相比,海雀村确实变了个样。可是,与山下的村寨相比,海雀人还差得远。"他心里琢磨着,海雀村过去穷,除了地势高、土地贫瘠等自然因素外,最关键的原因在于全村人缺文化,思想观念落后,耕作方式原始,搞发展放不开手脚。

要保住海雀村的青山绿水,必须提高人口素质。

过去海雀村穷,穷在恶劣的环境,更穷在教育。1985年,海雀村只有五个"读书人",且没有一个小学毕业的。文朝荣小学三年级的"文凭",是当时村里的最高学历,他也因此成为村里的第一个会计。要好好办个小学,培养更多的孩子读上初中乃至高中、大学,是文朝荣平生最大的心愿。1988年,文朝荣心情激动地在村民大会上说:"现在我们最最紧要的任务,就是好好为我们村的孩子们盖一所学校,不能再让他们像我们这一代一样,进了城连个厕所都找不到……"

"是啊,早就应该有了,早就应该有了!""有钱的捐钱,有材料的捐材料,好好给孩子们盖一所学校。"文朝荣首先带头捐了168元钱。

文朝荣的二儿子文正友回忆说:"那168元钱,是我家当时的全部财产,是我父亲头天瞒着我母亲把家里的牛牵到四方井街上卖掉得

文朝荣老支书生前每天都要上山巡林

的钱。"

在修建教学楼期间,文朝荣每天必做的一件事就是到教学楼施工工地上查看教学楼施工质量,一来到工地上他就本能地左看看右瞧瞧,东敲敲西打打,看见哪里不顺眼,他就要说说。文朝荣就这样不知和工人吵了多少架,工人们背地里骂他"讨厌的老头"。

一天,他像往常一样到教学楼施工工地上巡查,他用手摸了一下正在搅拌的砂浆,他急了,开口便大骂:"你们搞什么名堂,你们兑的是什么砂浆啊?你们不知道搅拌砂浆兑水泥要达标吗?"原来工人们偷工减料,少兑了水泥在砂石里。文朝荣立刻叫工人们停工,转身就向包工头走去,来到包工头面前,他就开口大骂:"你太黑心了,你修啥子狗屁房子,娃娃读书的教室决不能偷工减料,你马上停工,我们不要你干了!"包工头被骂得说不出话来。随后,工人们马上拿来了几包水泥,倒入砂石里搅拌起来,文朝荣弯下身子摸了摸后满意地笑了。

就这样,在文朝荣的监督下,工人们再也不敢偷工减料了。一年后，一栋标准的、崭新的教学楼在海雀村建成了，漂亮的三层建筑楼、标准的篮球场、宽敞的学生食堂，这是海雀村最美的建筑。学校也逐步配置了良好的教学资源，每间教室都安装了先进的多媒体教学设备，村里的孩子可以在这里快乐地学习。娃娃们能在村里享受到这么好的读书条件，这是海雀村人以前无法想象的。

一生哭过三次：遗愿是"放鞭炮把我震醒看海雀小康"

"再穷也没见父亲哭过。"在儿子文正友的记忆中，父亲这一生只哭过三回。

第一回：2003年，文朝荣上山巡林，经常遇到从海雀村嫁到可乐乡的苗家姑娘王兴秀。"这姑娘是我看着长大的，是个乖娃儿，怎么来娘家住了这么长的时间，也不回婆家？是不是家里出什么事了？"一问才知道，王兴秀嫁出海雀村后，丈夫不管她，公婆也不管她，丢下她和两个孩子，一分钱也不给娘仨。文朝荣一听，眼泪就流了下来。

海雀村的一人一草一木，文朝荣都熟悉，海雀村人的生活越来越好，可嫁出去的海雀村女儿却受了苦。文朝荣心里很难受，他真情地对王兴秀说："孩子，回到娘家来吧，爷爷会想尽一切办法，让你们安心住下来，有地种，有房住，娃儿有学上。"

回到家中，文朝荣叫来了大儿子文正全，把王兴秀的事情讲给了文正全听，随后又说："儿啊，你我都是党员，你现在又是村干部，在外边有活干，不靠土地生活，干脆就分个三亩地给她种，让她有口饭吃，也要向上级反映她的情况，安排她回来，帮助她把房子盖起来，让她母女三人有房子住。"

文正全二话不说就答应了。因为他知道父亲的品性：早年，村民王德光三兄弟分家后，一家四口只有一亩地，地里刨食糊不了口，是父亲主动找到王德光，把自家的四亩地送给他种；苗族老人安美珍过去一家四口挤一间茅草房，是父亲领着二十几个青壮劳力，给老人修了土墙房。父亲一生想的都是为老百姓做事，做儿子的更不该推脱。

在文朝荣的帮助下，王兴秀母女三人得以把户口又重新迁回海雀村。2007年，经过文老支书的积极争取，上级政府给了建房款，文老支书又请人帮她家建房，母女三人住进了新房，有了自己的家。

第二回：2008年，文正友担任村主任已三年有余，为了方便给自家的小超市运货，他花7万元买了一辆小皮卡。过了不久，河镇乡当时的乡长余朝斌来村里调研，他把文正友喊到办公室说："正友啊，你买车可千万不能用下拨的资金啊。"文正友拍着胸脯对乡长保证说，我父亲是老党员，我也是党员，买车这7万元是自己多年来的积蓄，政府拨给村里的12万元基础建设资金自己一分都没动。为了让乡里领导放心，文正友先后跑到乡里三次，每次都去汇报资金的使用进度。

消息传到老支书耳里，文朝荣火速把文正友叫到老屋。文正友刚一进屋，老支书一把鼻涕一把泪地拉住文正友说："儿啊，你父亲当了二三十年支书，一辈子做事情光明磊落，没给你们留下一点扯不清的账，你不要让老百姓看不起你……"原来是父亲听说自己跑到乡里算了三次账，害怕自己挪用公款。文正友向父亲详细解释了一遍，眼眶不禁湿润了。他想起父亲平日里艰苦朴素、克己奉公，有多少次，自己和大哥甚至还埋怨过他，什么好事都为老百姓考虑，对自家儿孙照顾得却很少。

第三回：2014年2月11日，海雀村下着漫天大雪。已经预感到自己不久将辞别人世的文朝荣把两个儿子叫到身边，挣扎着从病床上坐起来，紧紧握住二儿子文正友的手，大哭着说："儿啊，我不想死，我想活下来，2020年实现小康，我真想看见那一天。儿啊，如果我走了，到那一天,你一定要多放鞭炮把我震醒,我要看看海雀的小康……"

老支书走了。下葬那天,大雪纷飞,华山松林银装素裹。与海雀村相邻的四方村、红房村、双乐村、双河村、新营村、新寨村、老街村、恒底村、河坝村、板底村……从四面八方赶来的乡亲们都在追忆发生在老支书和自己之间的故事:走的路、过的桥、住的房、山上林、兜里钱……哪一样没有老支书的艰辛付出?

老支书走了,93岁的安美珍老人活动不便,就坐在门口喃喃念叨:"舍不得啊!好人啊。当年我的房子要垮要垮的,是文支书找人给我修房子,还对来帮忙的人说,人家家里困难,修好房子各人回家吃各人的饭,不要给老人家添麻烦。"老人沧桑的脸上挂着眼泪。

"你放心,我一定会帮你守好这片林!"51岁的苗族汉子王德光接过护林队长的重任,此后他每次巡山都要到老支书坟前,和老支书说几句心里话。

老支书弥留之际,仍然割舍不下那片他倾注了毕生心血的华山松林。他的墓地背靠海雀山,与华山松林相伴,听得见小溪的歌唱,看得见海雀的村庄,如同一棵傲然屹立、万古长青的华山松,就这样痴痴地守望着家园,守望着海雀的未来。老支书走了。他为海雀苗族、彝族百姓而来,他造福了海雀村的子孙后代。

进入广袤无垠的人生
——记"天眼"之父南仁东

南仁东简介

南仁东，男，满族，1945年2月出生，2017年9月逝世，吉林辽源人，天文学家、中国科学院国家天文台研究员。2017年9月15日晚，南仁东因肺癌逝世，享年72岁。他生前曾任FAST（500米口径球面射电望远镜）工程首席科学家兼总工程师，主要研究领域为射电天体物理和射电天文技术与方法。1994年起，他一直负责FAST的选址、预研究、立项、可行性研究及初步设计，负责编订FAST科学目标，全面指导FAST工程建设，并主持攻克了索疲劳、动光缆等一系列技术难题，是"中国天眼"的主要发起者和奠基人。获"时代楷模"、"改革先锋""人民科学家""最美奋斗者"等荣誉称号。

最懂"天眼"的人，走了。

24 载，8000 多个日夜，为了追逐梦想，500 米口径球面射电望远镜的首席科学家、总工程师南仁东心无旁骛，在世界天文史上留下了浓墨重彩的一笔。

2017 年 9 月 25 日，"天眼"落成启用一周年。可在 10 天前，他却永远地闭上了眼睛。

"天眼"所在的大窝凼，星空似乎为之黯淡。

一个人的梦想能有多大？大到可以直抵苍穹。一个人的梦想能有多久？久到能够穿越一生。

痴：为"天眼"穿越一生

许多个万籁俱寂的夜晚，南仁东曾仰望星空："我们是谁？我们从哪里来？茫茫宇宙中我们真是孤独的吗？"

探索未知的宇宙——这个藏在无数人心底的梦，他用一生去追寻。

八字胡，牛仔裤，个子不高，嗓音浑厚。手往裤兜里一插，精神头十足的南仁东总是特别有气场。

寻找外星生命，在别人眼中当不得真，而在这位世界知名的天文学家的电脑里却存了好几个 G 的资料，他能把专业人士说得着了迷。

2015 年，已经 70 岁的南仁东被查出肺癌，动了第一次手术。术后，家人让他住到郊区的一个小院，养花遛狗，静养身体。

他的学生、国家天文台研究员苏彦去看他。一个秋日里，阳光很好，院子里花正盛开，苏彦宽慰他，终于可以过清闲日子了。往日里健谈的南仁东却呆坐着不吱声，过了半晌，才说了一句"像坐牢一样"。

自从建"中国天眼"的念头从心里长出来，南仁东就像上了弦一样。

进入广袤无垠的人生

1993年,国际无线电科学联盟大会在日本东京举行。会上有科学家提出,在全球电波环境继续恶化之前,人类应该共同建造新一代射电望远镜,接收更多来自外太空的讯息。

南仁东坐不住了,一把推开同事房间的门:"我们也建一个吧!"他如饥似渴地了解国际上的研究动态。

南仁东曾在日本国立天文台担任客座教授,享受世界级别的科研条件和薪水。

可他说:"我得回国。"

选址、论证、立项、建设,哪一步都不易。

有人告诉他,贵州的喀斯特地貌洼地多,能选出性价比最高的"天眼"台址,南仁东便跳上了从北京到贵州的火车。绿皮火车哐当哐当开了近50个小时,一趟接着一趟,车轮不觉间滚过了10年。

1994年到2005年,南仁东走遍了贵州大山里的上百个窝凼。乱石密布的喀斯特石山里,不少地方连路都没有,只能从石头缝间的灌木丛中,深一脚浅一脚地挪过去。

时任贵州省平塘县副县长的王佐培,负责射电望远镜项目选址的联络工作,第一次见到这个天文学家时,诧异他太能吃苦。

七八十度的陡坡,人就像挂在山腰间,要是抓不住石头和树枝,一不留神就摔下去了。王佐培说:"他的眼睛里充满兴奋,像发现了新大陆。"

1998年夏天,南仁东下窝凼时,偏偏怕什么来什么,瓢泼大雨从天而降。因为亲眼见过窝凼里的泥石流,山洪裹着砂石,能连人带树一起冲走。南仁东往嘴里塞了救心丸,连滚带爬地回到垭口。

"天眼"之艰,不只有选址。

这是一个涉及领域极其宽泛的大科学工程,天文学、力学、机械学、结构学、电子学、测量与控制学、岩土工程学……从纸面设计

全面建成小康社会 贵州奋斗者

"中国天眼"的主要发起者和奠基人南仁东

到建造运行,有着十万八千里的距离。

"天眼"之难,还有工程预算。

有那么几年时间,南仁东成了一名"推销员",大会小会,中国外国,逢人就推销"天眼"项目。

"天眼"成了南仁东倾注太多心血的孩子。

他不再有时间打牌、唱歌,甚至东北人的唠嗑也扔了。他说话越来越开门见山,没事找他唠嗑的人,片刻就会被打发走。

审核"天眼"方案时,不懂岩土工程的南仁东,用了1个月时间埋头学习,对每一张图纸都仔细审核,反复计算。

即使到了70岁,他还在往工地上跑。中国电子科技集团公司第五十四研究所的邢成辉,曾在一个闷热的夏日午后撞见南仁东。为了一个地铆项目的误差,南仁东放下筷子就跑去工地,生怕技术人员的测量出了问题。

一个当初没有多少人看好的梦想,最终成为一个国家的骄傲。

"天眼",看似一口"大锅",却是世界上最大、最灵敏的单口径射电望远镜,可以接收到百亿光年外的电磁信号。

"20多年来他只做这一件事。"南仁东病逝的消息传来,时任国家天文台台长严俊把自己关在屋里哭了一场。"'天眼'项目就像为南仁东而生,也燃烧了他最后20多年的人生。"

狂:做世界独一无二的项目

狂者进取。

"天眼"曾是一个大胆到有些突兀的计划。二十世纪九十年代初,中国最大的射电望远镜口径不到30米。

与美国寻找地外文明研究所的"凤凰计划"相比,口径500米的"中国天眼",可将类太阳星巡视目标扩大至少5倍。

世界独一无二的项目,不仅要研究天文学,还将叩问人类、自然和宇宙的亘古之谜。在不少人看来,这难道不是"空中楼阁"吗?

"中国为什么不能做?"南仁东放出"狂言"。

他骨子里不服输。二十世纪八九十年代出国开会时,他就会操着一口不算地道的英语跟欧美同行争辩,从天文专业到国际形势,有时候争得面红耳赤,完了又搂着肩膀一块儿去喝啤酒。

多年以后,他还经常用那富有磁性的男中音说一个比喻:"当年哥伦布建造巨大船队,得到的回报是满船金、银、香料和新大陆;但哥伦布计划出海的时候,伊莎贝拉女王不知道,哥伦布自己也不知道,未来的他会发现一片新大陆。"

这是他念兹在兹的星空梦——"中国天眼",FAST(Five-hundred-meter Aperture Spherical radio Telescope,500米口径球面射电

望远镜），这个缩写也正是"快"的意思。

"一个野心勃勃的计划。"国际同行这样评价。

"对他而言，中国需要这样一个望远镜，他扛起这个责任，就有了一种使命感。""天眼"工程副经理张蜀新与南仁东得接触越多，就越理解他。

"天眼"是一个庞大的系统工程，每个领域的专家都会提各种意见。面对这种情况，南仁东必须做出决策。

没有哪个环节能忽悠他。这位首席科学家、总工程师，同样也是一个"战术型的老工人"。每个细节，南仁东都要百分百肯定的结果，如果没有解决，就一直盯着，任何瑕疵在他那里都过不了关。

工程伊始，要建一个水窖。施工方送来设计图纸，他迅速标出几处错误打了回去。施工方惊讶极了："这个搞天文的科学家怎么还懂土建？"

曾有一家外国天文杂志社的记者采访他，他竟然给对方讲起了美学。

"天眼"总工艺师王启明说，科学要求精度，精度越高性能越好；可对工程建设来说，精度提高一点，施工难度可能成倍增加。南仁东要在两者之间求得平衡，不是一件容易的事。

外人送他的天才"帽子"，南仁东敬谢不敏。他有一次跟FAST工程办公室的张蜀新说："你以为我是天生什么都懂吗？其实我每天都在学。"的确，在张蜀新记忆里，南仁东没有节假日的概念，每天都在琢磨各种事情。

2010年，因为索网的疲劳问题，"天眼"经历了一场危机。65岁的南仁东寝食难安，天天在现场与技术人员沟通。工艺、材料，"天眼"的要求是现有国家标准的20倍以上，哪有现成技术可以依赖？南仁东亲自上阵，日夜奋战，700多天，经历近百次失败，方才化险为夷。

进入广袤无垠的人生

因为这个"世界独一无二的项目",他一直在跟自己较劲。

野:永远保持对未知世界的求知欲望

"科学探索不能太功利,只要去干,就会有意想不到的收获。"南仁东的性格里有股子"野劲",想干的事一定要干成。

2014年,"天眼"反射面单元即将吊装,年近七旬的南仁东坚持自己第一个上,亲自进行"小飞人"载人试验。

这个试验需要用简易装置把人吊起来,送到6米高的试验节点盘。在高空中无落脚之地,全程需手动操作,稍有不慎,就有可能摔下来。

"中国天眼"——500米口径球面射电望远镜

从高空下来，南仁东的衣服被汗水浸透了，但他却发现了试验中的几个问题。

"他喜欢冒险。没有这种敢为人先的劲头，是不可能干成'天眼'项目的。"严俊说。

"天眼"现场有6个支撑铁塔，每个建好时，南仁东总是"第一个爬上去的人"。几十米高的圈梁建好了，他也要第一个走上去，甚至在圈梁上奔跑，开心得像个孩子。

如果把创造的冲动和探索的欲望比作"野"，南仁东无疑是"野"的。

在他看来，"天眼"建设不是由经济利益驱动，而是"来自人类的创造冲动和探索欲望"。他也时常告诉学生，科学探索不能太功利，只要去干，就会有意想不到的收获。

南仁东其实打小就"野"。他是"学霸"——当年吉林省的高考理科状元，考入清华大学无线电系。工作十年后，因为喜欢仰望苍穹，就"率性"报考了中科院读研究生，从此在天文领域"一发不可收拾"。

他的涉猎之广泛，学识之渊博，在单位是出了名的。曾有一个年轻人来参加人才招聘会，一进来就说自己外语学的是俄语。南仁东就用俄语问了他几个问题，小伙子愣住了，改口说自己还会日语。南仁东又用日语问了一个问题，让小伙子目瞪口呆了半天。

即使是年轻时代在吉林通化无线电厂的那段艰苦岁月，南仁东也能苦中作乐，"野"出一番风采。

工厂开模具，他学会了冲压、钣金、热处理、电镀等"粗活"。土建、水利，他也样样都学。他甚至带领这个国企工厂的技术员与吉林大学合作，生产出我国第一代电子计算器。

南仁东去荷兰访问时，需坐火车横穿西伯利亚，途经苏联、东欧等国家和地区。没想到，路途遥远，旅途还未过半，盘缠就不够了。

绘画达到专业水准的南仁东，用最后剩的一点钱到当地商店买了纸、笔，在路边摆摊给人家画素描人像，居然挣了一笔盘缠，顺利到达荷兰。

进入广袤无垠的人生

真：他仿佛是大山里的村民

面容沧桑、皮肤黝黑，夏天穿着T恤、大裤衩。这位外貌粗犷的科学家，对待世界却有着一颗柔软的心。

大窝凼附近所有的山头，南仁东都爬过。在工地现场，他经常饶有兴致地跟学生们介绍，这里原来是什么样，哪里有水井，哪里种着什么树，凼底原来住着哪几户人家，仿佛他自己曾是这里的村民。

"天眼"馈源支撑塔施工期间，南仁东得知施工工人来自云南的贫困山区，家里都非常艰难，便悄悄打电话给"天眼"工程现场工程师雷政，请他了解工人们的身高、腰围等情况。

当南仁东第二次来到工地时，带来了一个大箱子。当晚他叫上雷政提着箱子一起去了工人的宿舍，打开箱子，都是为工人们量身买的T恤、休闲裤和鞋子。

南仁东说："这是我跟老伴去市场挑的，很便宜，大伙别嫌弃……"回来路上，南仁东对雷政说："他们都太不容易了。"

第一次去大窝凼，爬到垭口的时候，南仁东遇到了放学的孩子们。单薄的衣衫、可爱的笑容，触动了南仁东的心。

回到北京，南仁东就给县里的干部张智勇寄来一封信。"打开信封，里面装着500元，南老师嘱托我，把钱给卡罗小学最贫困的孩子。他连着寄了四五年，资助了七八个学生。"张智勇说。

在学生们的眼中，南仁东就像是一个既严厉又和蔼的父亲。2013年，南仁东和他的助理姜鹏经常从北京跑到柳州做实验，有时几个月一连跑五六趟，目的是解决一个十年都未解决的难题。后来，这个问题终于解决了。

"我太高兴了，以至有些得意忘形了，当我第三次说'我太高兴了'时，他猛浇了我一盆冷水：'高兴什么？你什么时候看到我开心过？

我评上研究员也才高兴了两分钟。'实际上，他是告诉我，作为科学工作者，一定要保持冷静。"姜鹏说。

即使在"天眼"工程竣工时，大家纷纷向南仁东表示祝贺，他依然很平静地说："大望远镜十分复杂，调试要达到最好的成效还有很长一段路。"

2017年4月底，南仁东的病情加重，进入人生倒计时阶段。

正在医院做一个脚部小手术的甘恒谦，突然在病房见到了拎着慰问品来看望自己的老师南仁东及其夫人，这让他既惊讶又感动，他读博时曾跟随南仁东先生学习射电望远镜的有关技术。

"我这个小病从来没有告诉南老师，他来医院前也没有打电话给我。他自己都病重成那样了，却还来看望我这个受小伤的学生。"甘恒谦内疚地说，医院的这次见面，竟成为师生两人的永别。

知识渊博、勇于发表观点的南仁东在国际上有许多铁哥们儿。每次见面，都是紧紧握手拥抱。有一位老科学家，在去世之前，还专门坐着轮椅飞到中国来看望南仁东。

不是院士，也没拿过什么大奖，但南仁东把一切看淡。一如病逝后，他的家属给国家天文台转达的他的遗愿：丧事从简，不举行追悼仪式。

"天眼"，就是他留下的遗产。

还有几句诗，是他写给自己和这个世界的："美丽的宇宙太空以它的神秘和绚丽，召唤我们踏过平庸，进入它无垠的广袤。"

二、先锋模范

当代县委书记的榜样

——记黔西南布依族苗族自治州晴隆县原县委书记姜仕坤

姜仕坤简介

姜仕坤，男，苗族，1969年12月出生，2016年4月逝世，贵州册亨人，中共党员。1990年8月参加工作，1992年1月加入中国共产党，生前系贵州省黔西南布依族苗族自治州晴隆县的县委书记。2016年4月12日，姜仕坤突发心脏病，经抢救无效去世，年仅46岁。在晴隆工作的6年间，他始终牢记党的宗旨，坚定信念，不忘初心，奋力前行，对党的培养心怀感恩，对群众有深厚感情；脱贫攻坚战场上，他奋斗不息，治贫不止，为了人民群众能脱贫致富，他用大爱精神诠释生命，用尽一生心力推动晴隆加速发展，生命永远定格在脱贫攻坚主战场。获"全国优秀共产党员""全国脱贫攻坚楷模"等荣誉称号。

当代县委书记的榜样

姜仕坤（左）到晴隆县长流乡调研农业产业

英雄已去，留下的是一座丰碑——脱贫攻坚战场上的精神丰碑，让后来人敬仰，让后来人追随。

2016年4月12日，在贵州省黔西南布依族苗族自治州晴隆县脱贫攻坚战场上，奋战了6年的时任县委书记姜仕坤积劳成疾，突发心脏病去世，生命定格在了46岁。

晴隆是出了名的穷

时针拨回到2010年的春天，出生在册亨县农村的姜仕坤来到晴隆县担任县长。整个"十二五"期间，他从任县长再到任县委书记，把足迹留在了晴隆县的山乡村寨、田间地头……

对于姜仕坤来说，晴隆县的脱贫攻坚任务之重，大大超出了他的想象。

晴隆县石漠化严重，喀斯特地貌面积占全县面积的53%，人均耕地仅有0.77亩，其中坡耕地占65%，地少土薄，石头裸露，是2015年确定的贵州省12个扶贫开发工作重点县之一。而这样的县，黔西南布依族苗族自治州只有晴隆、册亨和望谟。截至2015年底，晴隆全县总人口有34.2万，贫困人口尚有7.91万。

1995年，晴隆县上过中央电视台《焦点访谈》栏目。当时的报道称："晴隆是全国深度贫困县之一。"到2000年末，全县农民人均纯收入仅有1156元，人均粮食占有量仅有335公斤，人民生活水平低下。

守着大山，看不到希望，这一直是当地干部和老百姓心里的痛。

2011年秋天，时任晴隆县县长的姜仕坤到晴隆县北部大田乡一个名叫兰蛇村的地方调研，在那里的所见所闻深深刺痛了他的心。

兰蛇村由兰蛇、两扇岩、小寨等4个村民组的苗族群众组成，村民大多散居在海拔1900多米的兰蛇坡附近，可谓山高、坡陡、谷深。

这天，姜仕坤刚到兰蛇寨口，看到村里成片的玉米地，一下就皱起了眉头：高大的玉米秆上，挂包的玉米棒子小得可怜。

"怎么还在种老品种玉米？这都是二十世纪八十年代的品种嘛。"撕开玉米棒子，姜仕坤既是感慨，也是在质问随行的乡干部。

进了小寨组，姜仕坤走进村民李国家中，来到牲口圈，只见圈里有一头无精打采的黑猪。

"这猪是喂来卖的吗？"姜仕坤问。

"就是自己喂了过年杀来吃的嘛。"

"娃娃还在读书没有？"

"读不进书，打工去喽。"

一问一答间，姜仕坤意识到，一定要改变群众的观念和意识，引导老百姓发展多种经营。

这天下午,就在兰蛇村村口,姜仕坤和村组干部、农民代表恳谈,共商下一步发展计划。

同样是一亩山地,一年种玉米需要多少化肥,最后能收入多少钱;种烤烟要投入多少劳力,一年能有多少收入;种草养羊,政府有哪些扶持政策,一年能出栏多少只羊,能有多少纯收入……姜仕坤与群众细算经济账,发动村里种植新品种玉米,种烤烟,种草养羊,打破苗族同胞长久的思想藩篱。

"你说的养羊政策算不算数哦?我看你也就是个科长,说的话不见得管用。"李国在外务工多年,自以为有些见识,他从未见到过这种挽着裤腿,一副村干部模样的县长。

暮色降临,姜仕坤下山时,心中已经有了初步的思路。接下来的几年,姜仕坤协调资金为兰蛇村村民先后建起了100多口水窖及一批饮水工程,老百姓的生产生活用水问题得到了解决。

从2011年到2015年,姜仕坤每年都要上兰蛇坡,了解兰蛇村村民增收情况,动员当地老百姓种烤烟和养羊。即便时间匆忙,每次到大田乡,他也一定会请兰蛇村村民代表前来座谈,一起谋划产业发展。

小寨组的李国是第一个质疑种草养羊的人,却最先站出来。他从2012年开始养羊,年均存栏八九十只,年均出售四五十只,年收入在5万元左右,成了村里的致富带头人,也成了大田乡远近闻名的养羊能手。

2014年8月,姜仕坤转任晴隆县委书记。"十二五"期间,晴隆县贫困乡镇从12个减少到4个,贫困村减少了52个。2015年末,农村居民人均可支配收入达6239元,在2010年的基础上翻了一番,全面小康实现率达86%。

时序跨进"十三五",这是黔西南也是晴隆决战脱贫攻坚、决胜同步小康的关键时期。

2016年初,黔西南州委将全州8个县市、义龙试验区划为五大战区，推行战区制，组建突击团，签下"军令状"，打响攻坚战。姜仕坤所率的晴隆县是脱贫攻坚第二战区，要利用3年时间，让所有贫困乡镇全部"摘帽"，贫困村全部出列，贫困人口全部脱贫，任务十分艰巨。以姜仕坤为"班长"的县委班子，以"大党建"为统领，制定出台了"1+15"文件，提出大力推进党建扶贫、山地农业扶贫、山地旅游扶贫、生态建设扶贫、易地扶贫搬迁等14项工作计划。

于是，晴隆县以大力发展山地经济为引领，羊、茶、果、蔬、烟、薏等农业特色产业发展如火如荼，以"二十四道拐"为标志的山地旅游走向世界……

远近闻名的"羊书记"

喀斯特山地，向来以土壤瘠薄、水土流失严重著称，不宜种庄稼，却不排斥各种草类生长。

从2000年开始，晴隆县抢抓国家实施草地生态畜牧业产业化科技扶贫项目的机遇，结合退耕还林还草，在贫瘠的大山里尝试种草养羊，实现经济、生态、扶贫"三效"同步，成为农业产业和扶贫开发的亮点，被称为"晴隆模式"。2006年6月，全国南方草地畜牧业现场经验交流暨培训会议在晴隆召开，会议总结和推广了"晴隆模式"。

到2010年，随着姜仕坤的到来，"晴隆模式"进入新的发展阶段。

虽然出生在农村，也抓过农业产业，但关于羊产业，初到晴隆的姜仕坤基本上还是个门外汉。从门外汉到"羊专家"，姜仕坤用了不到一年的时间。

这一年，姜仕坤下了一番苦功夫。到晴隆任职后，姜仕坤就围绕羊产业频繁下乡调研，每到一户农民家中，他往往第一时间直奔羊

姜仕坤深入田间地头察看辣椒的生长情况

圈。哪个乡镇有多少羊存栏，哪个养殖大户发展存在困难，哪个山头的饲草长势好，哪个季节羊群易发病，他都了如指掌。

通过调研，姜仕坤逐渐发现了推动"晴隆模式"升级换代的必要性，以及制约升级换代的关键所在。

对羊产业的研究，姜仕坤达到了痴迷的程度。他从到晴隆任职报到的那天起，基本上不超过5天就要和相关专家进行沟通交流，从1只绵羊和1只山羊1天各需要吃多少草料的问题，问到草地畜牧业如何发展与壮大，等等。

在得到专家和养殖户商议认可后，姜仕坤把草地中心与农户"产权共享，利润分成"的模式，改革为"政府帮助农户贷款购羊、资助建羊圈和种草，实现农民拥有全部产权"的模式，让养羊户从原来的为草地中心养羊转变成为自己养羊，一举解决了群众种草养羊动力不足之困。

随后，通过对外合作，以本地湖羊、杜泊羊和科尔索羊为父本，引进澳洲白羊为母本,依靠胚胎移植技术,具有自主知识产权的"晴隆羊"诞生了。到2016年,"晴隆羊"已经升级换代到第六代,具有极高的抗病性能和较好的市场占有率。同时,姜仕坤还大力推进"南羊北进"战略,成功打开了惯食绵羊的北方市场。

喀斯特山地土壤贫瘠,载畜能力有限,姜仕坤从循环发展和最大限度使用草山草坡的考虑出发,推动"晴隆羊"实现了从散养到设施养殖的转变。

姜仕坤提出:"我们要建一个真正属于农民的现代畜牧业园区。"2014年2月,晴隆开始了现代草地生态畜牧业三合园区的建设。从园区的规划、选址到园区的建设方案,姜仕坤都亲自过问,致力于把园区建成既高端、高效,又可持续发展,能够给农户带来长期收入的园区。

这天,姜仕坤到园区察看建设情况,看见一位正在种草的农民挖的草窝歪歪扭扭。姜仕坤对农民说:"种草一定要标准化,要横竖成行,横竖距离都要以60厘米为标准。"那位农民斜着眼说:"你来试一试。"姜仕坤二话不说,接过农民的锄头,开始挖草窝,一会儿工夫,一片横成排、竖成行的标准草窝就呈现在大家面前。农民兄弟脸红了:"没想到你也会做农活啊!"

姜仕坤说:"建设标准化园区,要从基础做起,挖草窝就是基础。"姜仕坤离开后,劳作的群众议论开来。有的说,想不到一个堂堂的县委书记还挺懂行;有的说,姜书记就是不简单,咱们晴隆有希望呢;有人开玩笑说,干脆就喊他"羊书记"得了。

就这样,经过老百姓的口口相传,姜仕坤由县委书记变成了"羊书记"。

对"羊书记"这个称呼,姜仕坤欣然接受,每到养羊种草的地方检查时,他总是自称:"同志们,'羊书记'来啦!"

在一片片笑声中，姜仕坤把"晴隆羊"产业越做越大，做成了晴隆脱贫攻坚的支柱产业。

接着，姜仕坤又带领老百姓打造具有自主知识产权的第六代"晴隆羊"，种植适合南方草山薄土层的改良版"皇竹草"等多个草种，全面推动"晴隆羊"的品牌形成。通过"三变""四化"的改革尝试，"晴隆模式"从单靠项目支撑的生态扶贫模式转变为社会化产业。晴隆县通过完善饲料加工、草业发展、肉羊深加工的产业链，推动"晴隆模式"从单一的农业产业向接通第二、第三产业的发展模式升级。同时加强与新西兰、澳大利亚等国家的技术合作，推动了"晴隆羊"产业的国际化发展步伐。

在这一系列举措下，晴隆县的人工种草面积不断扩大，到2015年底，人工种草由20多万亩发展到48万亩；晴隆羊的存栏数量持续增加，从30万只发展到52.8万只；晴隆山区群众的收入逐渐增加，肉羊基地由过去的20个发展到88个，种草养羊覆盖全县14个乡镇2万户，户均年收入2—3万元，养羊户创收总额超过4亿元。

晴隆的形象大使

按姜仕坤的设想，晴隆县要想尽早实现脱贫目标，旅游产业必须搞起来。

"贫困县搞旅游，困难非常大。"姜仕坤很清楚自己面临的各种障碍和困境，其中包括本县干部的反对意见。

姜仕坤没有因为有领导干部反对而拍桌子，他以一贯内敛的性格，谋划着如何用一个切实有效的活动来统一思想。不止一次，姜仕坤站在晴隆山顶，注视着"二十四道拐"，也不止一次在会议上强调"要站在更高层面，把'二十四道拐'推出去"。

作为二战期间滇缅公路的关键路段，晴隆"二十四道拐"早已名扬天下。但长久以来，这段"历史的弯道"并未对当地百姓的生活质量提升产生实质性影响。姜仕坤认定，让群众早日富裕起来，必须得有新的经济增长点，"二十四道拐"景点必须进行深度开发，"旅游业是老百姓脱贫致富的主攻方向"。

姜仕坤的目标是把以"二十四道拐"为引领的文化资源，塑造成国际化旅游品牌，把"二十四道拐"打造为"二战遗址公园"。

这是大手笔，在姜仕坤的主导下，晴隆县以"二十四道拐"为龙头，规划打造史迪威"二十四道拐"遗址公园，规划建设"二十四道拐"（史迪威）博物馆、二战主题公园等历史人文景观。

在姜仕坤的努力下，史迪威"二十四道拐"遗址公园建成当年就被纳入贵州省100个重点景区中的示范景区和旅游体制改革试点区。以拍摄影视剧《二十四道拐》为契机，安南古城影视基地、旅游接待服务中心、生态文化休闲中心、民族文化演艺中心、特色产品展销中心等相继建成。很多群众都说，整个晴隆县城的基础设施建设和城市形象，在这几年有了历史性的提升。

冲着"历史的弯道"，冲着"东方踢踏舞"（阿妹戚托，一种彝族民间舞蹈），美国游客来了，日本游客来了，韩国游客来了……越来越多的游客向往晴隆，走进晴隆。晴隆人突然发现，县城里的酒店经常客满无房，和旅游相关的生意好做了。2015年国庆节，"二十四道拐"景区车流如织，游人爆满。2016年"五一"小长假，晴隆"二十四道拐"景区接待游客16.7万人次；同年国庆节，"二十四道拐"景区接待游客22万人次。

山地旅游经济的蓬勃发展，让山区群众撕下了贫困标签，日子越过越红火。

姜仕坤在2011年"史迪威公路"晴隆"24道拐"汽车爬坡赛开幕式上致辞

  姜仕坤曾经讲过,晴隆必须围绕"二十四道拐"玩车子,围绕"晴隆模式"养羊子,围绕茶马古道玩茶子。道理不算深奥,却是姜仕坤在晴隆六年间因地制宜的思考所得,对亟须创新发展思路的晴隆来说,"三个围绕"弥足珍贵。

  过去思想受制于大山阻隔,世代守着大山受穷的晴隆人,怎么也不会想到,除了种草养羊,大山本身竟然就是无价的财富。大山里的苗寨,山里人的歌舞、美食美酒,甚至山里的空气都是世间美物。而那段曲折艰难的"历史的弯道",竟也成了他们走向世界的捷径。

  2016年4月,姜仕坤每天的工作日程都排得满满的,从参加发展倍增计划专题会,到召集县委、县政府相关部门研究易地扶贫搬迁工作;从参加全省项目观摩会,到实地察看草地畜牧业扶贫成效;从晴隆扶贫观摩点观摩,到考察普安扶贫项目;从到贞丰观摩考察,到召集县委工作人员商议易地扶贫搬迁事宜;从参加总结会,听取晴隆县旅游带动全域发展的有关策划情况的汇报，到连夜赶回兴义参加易地扶贫搬迁大会……

2016年4月10日（星期日）中午，姜仕坤回家吃午饭时，突感身体不适。妻子王作艳劝他一定要放下工作去检查身体，但想到行程单上满满的工作安排，姜仕坤只是到医院简单开了点药就返回办公室继续工作。当天下午，姜仕坤在安排完工作后前往广州出差，到广州后，心脏绞痛加剧，他吃下了随身携带的速效救心丸，但还是晕倒了。40余小时后的4月12日清晨，姜仕坤没有撑过去，在暨南大学附属医院去世了。

姜仕坤走了，这位苗族汉子在生命光芒激情绽放的时候，用对党的赤子之心、对人民的公仆情怀，在贵州高原上写下了感人肺腑、催人泪下的生命壮歌。

姜仕坤已经化作山脉，但他的精神却长留晴隆，激励后来人奋发进取，决战决胜，不获全胜，绝不收兵！

胜利在望，晴隆人的幸福生活已经全面开启。

把初心和使命镌刻在大山深处

——记六盘水市盘州市淤泥彝族乡岩博村党委书记余留芬

余留芬简介

余留芬,女,汉族,1969年8月出生,贵州盘州人,中共党员,现任贵州省六盘水市盘州市淤泥彝族乡岩博村党委书记。余留芬自2001年当上岩博村党支部书记以来,带领村民先后建起了煤矸石砖厂、岩博山庄、岩博特种养殖专业合作社、火腿加工厂和岩博酒业公司,实现村级经济"井喷式"发展,走出了一条"党建引领、村企合一,能人带动、人才强村,股权合作、共同富裕"的路子。获"全国三八红旗手""全国脱贫攻坚奖奋进奖""改革先锋""最美奋斗者""2020年全国劳动模范"等荣誉。

1988年,我嫁到岩博村,村里流传着这样一段顺口溜:"家家住的老土房,出门就是猪粪塘。一年种粮半年饱,有女不嫁岩博郎。"而我就是一个义无反顾嫁入岩博村的女人。那时我家也是一贫如洗,日子过得很艰难。为了让生活过得好一点,我先是买了一部相机,每天满村子转,为乡亲们照相,有了一定积蓄后,就开始开小餐馆、小超市,一路打拼,成为岩博村首批脱贫致富的人家。虽然我自己先富了起来,但经历过大山里的贫苦,每当我看到周围仍然在贫困线上苦苦煎熬、挣扎谋生的乡亲们,就很不是滋味,心里想着如果有机会,一定要带乡亲们富起来,让大家换一种活法。

说干就干,干就要干出个名堂来

在我创业的时候,岩博村党支部就开始关注我、培养我,让我光荣地成为一名共产党员,并进入了村班子。2001年,老支书患了肺癌,上级党组织看我年轻又有闯劲,就同意我任岩博村党支部书记。当时村民们议论很多,一些人质疑我一个女人能干成什么?

虽然我做好了吃苦的心理准备,但看着交到自己手上的村里的家底,还是大吃一惊:村集体账面上不但分文没有,还欠着几万元外债;全村人均年收入不足800元。

穷则思变。上任第七天,我提出了修路的想法,村里一片哗然。"村里没有一分钱,咋修路?"

"就是用双手刨,也要刨出一条通村路。"我带头将自己的土地置换给修路占地的村民,并垫出自己的4万元积蓄用来买钢钎、大锤。

白天,我和村民们一起上工地,搬石块、掌钢钎、抡大锤;晚上,挨家挨户鼓劲加油。历经三个多月苦干,一条宽4.5米、长3公里的进村路通了。

记得修路期间,我一不小心摔下路边陡坡,腰椎摔成粉碎性骨折,差一点落下终身瘫痪。术后,我躺在医院病床上,村民们带着自己舍

余留芬（前排右三）了解村民增收情况

不得吃的土鸡蛋来看我，让我感受到了乡亲们内心最诚挚的温情，更加坚定了我为一方百姓造福的决心。

记得老支书走之前跟我讲过，他最遗憾的事就是当时村里穷，把集体的林场卖掉了，希望我把林场再买回来。多年种地的经历告诉我，仅靠种地是富不起来的，林场非买回来不可。

2002年，占地1480亩的岩博林场由于管理不善，承包人急于转手，我就想赎回这片原本属于岩博村集体的林场，可是转让费却高达23万元，这让村干部们望而却步。村里好不容易东拼西凑借到了5万元，可离23万元还差很多。没办法，我拿出全部家当抵押贷款，真正和自己"赌"了一把。这次我"赌"赢了，通过林木间伐，一年就还清了贷款，还赢利了8万元，为村里的发展积累了"第一桶金"。

办村企，走产业强村的路子

思路决定出路。有了"第一桶金"以后，村"两委"形成共识：依托自身优势，大力发展村办企业，走产业强村富民的路子。我们用林权证向当地信用社办理抵押贷款20万元，向周边企业老板引进资金300万元，先后办起了矸石砖厂和火腿加工厂，令人欣喜的是生意都很火，投入的本钱很快就赚回来了。尝到甜头的我又将目光盯在了彝族传统酿酒工艺上，想借"酒"拓宽村民增收渠道。经过多方努力，我们成功与万峰酒业"联姻"，借助万峰的生产许可资格和市场渠道，将村里12家酒作坊整合，投资200万元，建起了村办小锅酒厂，做起了酒生意。

凭着不认穷、不认命的韧劲，岩博村级经济迎来了一个丰收季。我们又趁热打铁，着手发展野猪、绿壳蛋鸡、孔雀等养殖产业。通过引进技术和改良品种，产品供不应求，生意做得红红火火。

随着产业的发展壮大，人才匮乏的问题也开始凸显，岩博产业要提速发展，就一定要集聚一批优秀人才。为此，我们发起"十万高薪引进人才"和"五年培育本土人才"两个计划，以"外引内培"的战略，不断壮大岩博的人才队伍。比如，为了提高养殖技术水平，我们从西安引进过一位"鸡博士"，他采取师带徒的方式，帮我们村培养了30多名本土人才。在外打工的大学生肖玉龙回村过年，我多次去他家中拜访请贤，我们的真诚让这个"80后"年轻人毅然放弃了干得很好的事业，心甘情愿地在村里干起了当时月报酬只有600元的村文书。

通过努力，我们先后引进了2名博士、50名大学生、15名返乡创业人才加入岩博产业发展队伍，培养了300多名"土专家""田秀才"。

坚守下去，办法总比困难多

奋斗的路上，总是伴随着困难和艰辛。记得2005年，我们小锅酒厂开酿后面临销售困难，每天成百上千斤的酒堆满仓库，我看在眼里，急在心里。

"走出淤泥乡才能走进大市场"，这是我当时的想法。县城所在地是我主攻的第一站，"只要一个小角落能放酒坛就行，卖不卖得出去没关系"。"岩博小锅酒，喝了不上头"，这些话我每天都要重复上百遍，在软磨硬泡中，一些餐馆终于被我的诚意打动。就这样，岩博小锅酒逐渐小有名气，云南及周边县城的客商纷纷慕名而来。

随着销路转好，我盘算着如何把酒厂做大做强。2011年，我与大家商量后，决定扩大生产规模，创建岩博酒业公司。为此，我们自筹资金3000万元，可还差3000万元。为了抢抓市场机遇，我们在银行同意贷款但资金还没到账的情况下就动手扩建了。

天有不测风云。2013年4月23日，是我人生中最黑暗的一天。前后10分钟，我分别接到两个电话：一个是银行通知我贷款贷不了，一个是原本计划参股的企业决定撤股。这时候厂房已建了一半，没有这两笔钱，酒厂就要停工。

当时，感觉整个天都快要塌下来了，自己关起门来哭了3个小时。伤心痛哭后，我又想起自己的职责、自己的初心，想起这个项目是老百姓入了股的，就擦干眼泪，告诉自己一定要坚持下去。最终又新引入两家公司注入资金2500万元，岩博酒厂的扩建顺利完成了。

酒厂开始投产了，年产5000吨的规模，土法酿造肯定不行了，没有专业酿酒师，酒的品质如何保障？碰巧，我有幸认识了"白酒泰斗"季克良和酿酒大师黄永光。背负着全村人的希望，我大胆地向两位大师谈起了岩博多年来的艰难发展，他俩被岩博脱贫致富的经历所感动，决定无偿为岩博酒业提供服务指导，并为岩博酒业培养了3名二级品酒师、3名三级品酒师、12名酿酒师、6名酒体设计师。这些技术骨干，已经成为岩博酒业规模化发展的中坚力量。

小康路上，决不让一个人掉队

本着人人有钱赚，个个有活干的念头，2009年，我们策划成立合作社，通过群众自愿入股，年底分红的方式，号召有钱的出钱，没钱的出地，没地的出力，把分散的人、财、物聚拢起来，集中力量办大事。可一开始几乎没有人愿意入股。

为了让大家摆脱顾虑，我找到从天津嫁到岩博的崔晓英，她和我一样都是"外来媳妇"，我的经历让她很感动，她成为第一个加入合作社的人。在我们的坚持下，最终整合到200万元资金，成立了"岩博农民养殖专业合作社"，建起了占地50余亩、鸡舍3000余平方米、规模3万余羽、年产绿壳蛋360万枚的特色养殖场，当年实现销售收入210万元，85户入股农户户均分红2.3万余元，带动22名合作社务工人员实现了稳定增收。

在党组织的带动引领下，岩博村村级合作社、岩博生态农业公司、岩博山庄、博兴酒坊、陆兴畜牧养牛场、兴隆养鸡场等经营性经济组织相继成立起来，形成了合作社经营、村集体经营、致富带头人经营多种经营方式并存的局面。群众入股方式也越来越多，从最开始的土地入股、资金入股，到后来的山林入股、贷款入股、技术入股，几乎达到了"无人不股、无物不股、无事不股"的良好局面。

2013年，我们采取村企联建的方式，联合村里的5家企业组建了岩博村党委，目的就是把企业纳入村党委的统一领导和管理，通过

把初心和使命镌刻在大山深处

盘州市岩博村新貌

力量再集中、资源再归拢,推动村企合一,共融发展,爆发出更大的集体效益。同时,我们通过开展村"两委"与企业双向交流任职,逐步构建了"党组织+合作社+企业+农户"的利益共同体。

岩博村的群众逐步富裕了起来,但周边的兄弟村仍然贴着贫穷落后的标签。2016年,我们联合相邻的苏座、鱼纳2个贫困村组建了"联村党委",先后发动1012户村民入股村办企业,并争取"特惠贷"1500万元,帮助苏座村、鱼纳村842户村民入股岩博酒业,区域性联动发展的格局初步形成。不久后,我们又收到一条重大喜讯,我们向国家工商总局商标局申请的"岩博人民小酒"33类商标、"人民小酒"35类商标审核通过,拿到了商标证,岩博又将迎来新一轮的发展机遇。

展望未来,我信心满满

最近几年,随着脱贫攻坚、乡村振兴战略的深入推进,我们岩博村的产业革命、基础建设、小康行动、环境整治等工作一样也没落下,凭着一股敢打敢闯敢拼的韧劲,把岩博村建成了"家家住洋楼、户户都有车、人人有钱赚、个个有活干"的美丽幸福新农村,让曾经人均年收入不足800元的穷旮旯摇身一变成为人均年收入2.66万元的富裕村,村集体经济资产达到1亿元。白墙、青瓦、汽车、产业……如今的岩博村,迈向乡村振兴的步伐正在加快。

回想这十几年,我遇到了很多困难、很多挫折,甚至绝望过。2013年因为还贷款承受巨大压力的时候,我记得当时村里有位老人给我说:"你别哭,不要怕,等你老了,我们一家给你端一碗饭,也可以给你养老。"酒厂发不起工资时,员工们主动安慰我:"不要说几个月不发工资,就是几年不发工资,我们也要跟着你干。"就是村里这些人的朴实,深深地感动着我,激励着我,给了我信心;组织的关怀让我初心不忘,让我从挫折中勇敢爬起。那些吃过的苦、受过的罪,回头来想,都是我人生中不可或缺的色彩,正是有了这些苦难折磨,才更加彰显了我的人生价值和意义。

对于岩博村,我想未来还要一步步稳扎稳打地做,把康养、旅游、培训等系列配套设施建立起来,我相信未来会越来越好。因为我从村里年轻人的身上看到了希望。现在的村主任肖玉龙,是返乡的大学生,敢讲敢作敢为,所有事情处理得妥妥帖帖,做事不怕苦、不怕累,还有韧性。厂里的管理层,平均年龄在28岁,他们有热情,有冲劲,有干劲,有视野,兢兢业业。这些人就是未来的信心和底气。

相信奋斗的力量

——记黔西南布依族苗族自治州望谟县实验高中党总支副书记、副校长刘秀祥

刘秀祥简介

刘秀祥，男，汉族，1988年3月出生，贵州望谟人，中共党员，2012年毕业于临沂大学（原临沂师范学院）历史学专业，现任贵州省黔西南布依族苗族自治州望谟县实验高中党总支副书记、副校长。刘秀祥从小学三年级起，就和因患病失去生活自理能力的母亲相依为命，被当地人称为"贵州第一孝子"。2008年，他"千里背母上大学"的事迹，被《人民日报》及多家中央媒体报道后，在社会上引起了强烈反响。2012年毕业后，他放弃优厚的待遇，回到贵州大山里当一名普普通通的教师，助力千名贫困学子圆了大学梦。教学之余，他积极开展公益活动，举行全国巡回励志演讲2000多场，累计听众上千万人，并牵线一对一资助贫困学子近4200人。获"中国

青年五四奖章""全国最美教师""贵州省五一劳动奖章""贵州省劳动模范"等荣誉，曾两次入选"中国好人榜"。

"奋斗就是努力读书，通过知识走出大山，改变命运，改变未来。"2012年大学毕业，刘秀祥回到望谟县从教，10年过去了，望谟县高考本科录取人数从2012年的70人上升到2022年的1302人。这是一个质的变化，很多孩子成为他们村走出的第一个大学生，这就是奋斗的力量。他始终牢记党的宗旨，保持铸魂育人定力，坚守淡泊名利，用爱心培育大爱、激发大爱、传播大爱，用实际行动践行一名共产党员的初心使命。他就是贵州省望谟县实验高中的党总支副书记、副校长刘秀祥。

寒门孝子，用生命在艰苦求学路上砥砺前行

刘秀祥，他更为人熟知的另一个身份是十二年前"千里背母上大学"的主人公。1986年3月，刘秀祥出生于望谟县弄林村，幼年时父亲因病去世，母亲因伤心过度患上了精神疾病，他快乐无忧的童年戛然而止。小学三年级时，哥哥姐姐外出谋生，母亲病情加重，失去了生活自理的能力，家庭生活的重担全压在了刘秀祥稚嫩的双肩上。1995年，刘秀祥走进学堂，尚且年幼的他笃定：只有读书才能改变命运，这种信念一直支撑着他。2001年小学毕业考试，刘秀祥排名全县第三，但却因经济原因未能入读当时望谟县最好的中学，而是免费入读了县城的一所民办学校。他带着母亲初到县城时，没钱租房，便用稻草在学校旁的山坡上搭了间棚子，屋前空地上挖个坑，架上铁锅，便是厨房。初中三年，刘秀祥放学后就去拾荒，周末则四处打零工，每周能挣20

多元,勉强维持母子俩的生活。初中毕业后,刘秀祥考入了安龙县第一中学,他带着母亲离开望谟,继续求学之路。虽自诩为"打不死的小强",但他第一次感到了恐惧和害怕,因为"一切都是陌生的"。初到安龙,刘秀祥身上只有600多元钱,那是他和老乡去遵义修水电站挣的,但这并不足以让他租下一间房屋居住。无奈之下,他以每年200元的价格,租下了农户家闲置的猪圈,猪圈四面通透,他找来编织袋遮挡起来就是家了。刘秀祥一边努力学习,一边利用课余时间赚钱维持生计,他累并憧憬着,但命运却再次"捉弄"了他,高考前一周,刘秀祥病倒了,最终以6分之差落榜。

高考的失利让刘秀祥的内心满是绝望,甚至想过轻生。然而翻看从前日记本时看到的一句话让他又看到了希望:"当你抱怨没有鞋穿时,回头一看,发现别人竟然没有脚。"

"跟那些孤儿相比,我至少还有母亲,只要她在,我就有家。"刘秀祥说。他决定再战高考,并说服一所私立学校的校长接收他入校复读。2008年,刘秀祥考入临沂大学(原临沂师范学院),拿到通知书后,

刘秀祥在新生军训间隙和学生们聊天

他抱着母亲大哭了一场。当年9月,他再次带着母亲北上山东求学。

坚守初心,让党徽在三尺讲台上熠熠生辉

走上三尺讲台,刘秀祥勇挑重担,无怨无悔,默默坚守,既是教师,又是党员。十年来,他把一颗真心和满腔热忱奉献给了教育,在工作岗位上尽心竭力地展现出一名优秀党员教师所应该具备的担当作为。虽然命运坎坷、身心困苦、处境艰难,但他始终坚定理想信念,坚守初心信仰,饱含对党、对人民、对贫困山区的无限深情,感党恩、听党话、跟党走,发挥着一名共产党员应有的先锋模范作用。参加工作以来,他就像一台不知疲倦的永动机,用初心使命书写一名共产党员对党忠诚、为民奉献、坚忍执着、于己克俭、教书育人的大爱情怀。

2012年1月,刘秀祥在党旗下庄严宣誓:"对党忠诚,积极工作,为共产主义奋斗终生,随时准备为党和人民牺牲一切……"入党10年来,他始终爱党、护党,忠诚于党。2018年,刘秀祥调任望谟县实验高中

刘秀祥在课后辅导学生

副校长，还任学校党总支副书记，成为学校的"主心骨"，学校建设翻开了崭新的一页。他把党的信念融入办学体系，坚持党性教育常规活动，积极培育和发展党员，发挥模范作用，建强学校党支部，强化学校党员队伍，让党徽在三尺讲台上熠熠生辉。

牢记使命，让初心在公益路上闪闪发光

刘秀祥因"千里背母上大学"的事迹被人们广为熟知。为了用自己"助学走乡村"的实际行动帮助更多的贫困学子，他放弃外面的高薪工作返回望谟县教书育人，持之以恒以"有温度的教育"扶志扶智。

大学期间，刘秀祥积极参与各种社会公益活动，到各中小学做"自立自强，孝爱至亲"的报告，宣传自强不息、孝老爱亲和乐于助人的精神，并在多间学校设立爱心救助金，旨在筹集善款去帮助因生活困难而不能读书的学生。因为他自身的传奇经历加持，所以他的演说胜过无数辞藻华丽的言语，感染了无数处在迷惘和困难中的人，让更多的人相信生活磨灭不了一个人的决心。

经过大量走访，刘秀祥愈加意识到教育的关键在于唤醒，"除了唤醒学生，还要唤醒教师、家长和社会"。于是他到各个地方演讲，用自己的经历鼓励更多的人追逐梦想。多年来，他更加坚信：教育首先是精神成长，其次才是获取知识。执教 10 年，刘秀祥的足迹遍布无数村寨，他四处劝学，骑坏了 8 辆摩托车。10 年，1800 位贫困少年因他重返校园。10 年，开展全国巡回公益励志演讲 2000 多场次，听众累计超过千万人，共牵线一对一资助贫困学生近 4200 人，资助金额超过 1000 万元，受助学生全部考上大学。

让松桃苗绣走向世界

——记贵州省松桃梵净山苗族文化旅游产品开发有限公司总经理石丽平

石丽平简介

石丽平，女，苗族，1966年1月出生，贵州松桃人，是贵州省松桃梵净山苗族文化旅游产品开发有限公司总经理、国家级非物质文化遗产代表性项目苗绣（松桃苗绣）省级代表性传承人、第十三届全国人民代表大会代表。2008年12月，石丽平带领3名绣娘创办贵州省松桃梵净山苗族文化旅游产品开发有限公司，至今组织培训绣娘1万多名。2016年以来，石丽平积极参与"一企扶一村"计划，与当地村寨结成帮扶对子，在易地扶贫搬迁点开设了100个扶贫工坊，实行"一人一工坊"居家就业模式，解决了4000多名留守妇女的居家就业问题，帮助300多名贫困人口脱贫，创造年产值6000多万元。同时，先后捐资60多万元修建10多公里乡村公路，资助17名贫困大学生完成学业，为扶贫

让松桃苗绣走向世界

开发、贫困救助、贫困学生等累计捐资 200 多万元。当选"2019 中国非遗年度人物",荣获"2020 年全国脱贫攻坚奖奉献奖"。

坚守 20 多年,她只做传承苗绣文化这一件事。

徒步 3 万多公里,她走遍贵州各地收集刺绣纹样。

培训绣爷、绣娘共 2 万余名,在苗绣传承与传播的文化苦旅中,她用一束温暖的光,照亮了一群逐梦人。

她叫石丽平,苗族,出生于 1961 年,是第十三届全国人大代表、贵州省松桃苗绣省级代表性传承人、松桃苗绣第七代传承人、贵州松桃梵净山苗族文化旅游产品开发有限公司董事长,曾获"全国关爱员工优秀民营企业家""全国三八红旗手""全国非物质文化遗产保护工

石丽平作为代表在大会上发言

作先进个人"等荣誉称号，2021 年被党中央、国务院授予"全国脱贫攻坚先进个人"称号。

松桃苗族自治县地处武陵山集中连片贫困区，曾经面临贫困面大、贫困程度深的困境。

"如果把这些非物质文化遗产的手工艺都发展壮大成为产业，就能帮助更多易地扶贫搬迁群众解决就业问题。"石丽平通过培训，让群众掌握苗绣、蜡染、剪纸、雕刻等手工艺，在她的坚守和带动下，成千上万名绣娘拿起手中的针线，用小小针尖撬动脱贫大事业，既传承发展了松桃苗绣等手工艺，又充实了"钱袋子"，闯出了一条刺绣致富的好路子。

仅 2019 年，石丽平的苗绣团队就"绣"出了 6000 多万元，带动了 50 多万名妇女就业。

开一期培训专班，只为帮助一个人

杨光荣家住松桃苗族自治县妙隘乡大土村。年轻时，外出务工遭遇意外事故，导致双腿残疾。返乡后，靠着低保金和残疾人补助维持生活。2014 年，被纳为建档立卡贫困户。

2017 年，贵州松桃梵净山苗族文化旅游产品开发有限公司到大土村举办为期十五天的苗绣培训班。开班仪式上，石丽平很快注意到躲藏在角落的杨光荣，听课过程中，他的眼神一会儿发亮，一会儿又灰暗下去。

"一大堆人中，我第一眼就记住了杨光荣。直觉告诉我，他比任何人都渴望独立。"仪式结束后，石丽平直接走到杨光荣跟前，真诚地留下了电话号码，并反复叮嘱他，一定要给自己打电话。

然而那段时间，石丽平始终没有等到这个电话。直到培训最后一天，这件未了的事，竟成为石丽平的心病。按照她的性格，问题不解决，心里的那道坎就过不去。

"脚不方便，你还有一双手，只要努力就能绣出美好的生活。"石丽平主动找到杨光荣，鼓励他学习苗绣，掌握一门手艺。谁知换来的却是一句"我一个男人干女人的活，丢人！"总之，说什么都不答应。

可石丽平也是一个不轻言放弃的人。培训一结束，她自己驾车带着杨光荣到公司参观，还在苗绣基地临时开设了一期培训班，不仅包吃包住一个月，还手把手地指导杨光荣学艺。

人心都是肉长的，杨光荣那二十多年残疾生活带来的阴影，逐渐融化在石丽平无微不至的关怀里。男儿有泪不轻弹，培训结束那天，情绪压抑了多年的杨光荣哭得稀里哗啦。

学习过竹编工艺的经历让杨光荣比其他人更细心和耐心，苗绣技艺也因此学得比别人更快，很快在众人中脱颖而出，仅用半年的时间就成长为苗绣的培训老师，并时常到外地开苗绣技能培训班，帮助他人学手艺实现就业。每个月除了3200元的工资，公司还为他缴纳五险一金，提供培训补助。大家再看杨光荣时，眼光里不再是同情，而是由衷的敬佩，亲切地称他为"绣爷"。

通过苗绣走向自强自立的杨光荣也有了深刻的体会："做一件事就要用尽全力，不能轻易放弃。我曾经非常幸运地得到了石丽平老师的帮助。如今，我也希望能帮助到更多的人走出困境。"

建百个家庭工坊，只为方便一群人

早上送完孩子读书再来上班，平时家里有事可以灵活安排。从冷水溪镇三阳社区搬到蓼皋街道水塘河安置点的精准贫困户石优做梦也想不到，挣钱与顾家可以两不误。

两个小孩，一个7岁，一个5岁，婆婆又患有慢性病，一年四季不断药，全家的生活开支全靠丈夫一个人扛。石优作为全职妈妈，即使想分担一部分压力，却也是有心无力。

2019年，松桃梵净山苗族文化旅游产品开发有限公司在水塘河安置点举办了三期苗绣培训，悟性好、上手快的石优成为首期培训的优秀学员。第一次摸到彩色丝线，石优整个人都安静下来，一瞬间就爱上了苗绣。可是因为担心自己的家庭压力大，她准备忍痛割爱。

石丽平了解到石优的苦衷后，用餐时特意和她坐在一起，在有说有笑的氛围中告诉石优，不要因为工作忽略了家庭，公司可以为她这样员工"开绿灯"。此后，在水塘河安置点，有近百人享受到这特殊照顾，石优只是其中之一。

2020年初春，新冠肺炎疫情把大家隔离在了家里，担心安置点员工没有收入的石丽平想出了对策，借助2016年开设的"家庭工坊"推行"居家就业"。元宵节那天，石丽平分时段召开视频会议，15个人连线一个会场，一场接一场地开，一直开到晚上，讲到嗓子差点冒烟。

会后，一百多个"家庭工坊"陆续"开业"，每个工坊保持月收入2000元，保证了疫情期间稳定增收。学员有什么需要帮助的地方，只要连上视频，石丽平就会第一时间"穿越"到身边悉心指导。那份关爱，始终没有因为疫情被隔离。

一点一滴汇聚桑梓情，一针一线绣出脱贫路。石丽平心怀大爱，将苗绣传承转化为爱的传递，在扶贫开发、扶弱助残、救济赈灾，以及帮助贫困学生等方面累计捐资200多万元。

2020年7月，一轮强降雨袭击铜仁市松桃苗族自治县，多地受灾，公路毁坏。石丽平闻讯后，接连几天下乡走访，看望绣娘，送去生活物资，帮助受灾群众渡过难关。了解到有两个乡镇的部分乡村道路崎岖难行，石丽平便先后捐资60万元修路，让总长度约10公里的通村公路旧貌换新颜，既方便了群众出行，又开拓了创业门路。

石丽平还积极参与"一企扶一村"计划，与当地村寨结成帮扶对子，采用"公司+基地+农户"的形式，实行"计件为主+效益+产品提成"的薪酬模式。时至今日，"家庭工坊"发挥着越来越大的作用。一个工坊往往能够在安置点带动左邻右舍，达到倍增效应，可以帮助4000多名留守妇女实现居家就业，带动300多名贫困人口稳定脱贫。

"成就了别人，就是成就最好的自己。"回首这一路，石丽平更加坚定了她助人为乐的决心。

培万名苗绣能手，只盼吸引一代人

一针一线绣出来的动植物色彩鲜艳，灵动自然，从小就熏陶着石丽平。一群人，一辈子，背着娃，绣着花——成为她最朴素的艺术追求。

创业初期，公司仅有3名绣娘。石丽平通过"技能培训、助力脱贫"行动，把挣扎在贫困线上的农村妇女集中起来进行培训，形成了一个带动乡村脱贫、创业就业的"锦绣计划"。

"技能培训是什么？是给钱，还是给米啊？"

"这要是能当饭吃，我们早就富了。"

石丽平第一次进村入寨组织培训，村民们三言两语打发着，都不相信苗绣可以赚钱，甚至有人连话都不搭理半句。

倔强的石丽平没有泄气，反而一家一户地上门劝说、引导和鼓励，终于换来了一句："你这个女子能干大事，这一回我们相信你！"

石丽平（左一）讲解苗绣技艺

培训班一下子涌进了60名贫困家庭妇女。随后，又在十多个乡镇陆续举办了30多期培训班，先后培养了2000多名苗绣能手。

如今，公司培训的绣爷、绣娘已经壮大到2万多名。队伍中，"60后"和"70后"依然在发光发热，"80后"和"90后"成了主力军，更多的年轻人参与进来，不光传承苗绣技艺，也传播着苗绣精神！

"我们要引领这个潮流，让年轻人用起来，苗绣才能活起来。"石丽平在乡村振兴中找到了新的方向："创新才是最好的传承，使用才是最好的发展，要坚持保护传承和创新应用两条腿走路，用产业反哺非遗、反哺传承。"

石丽平还开通了抖音、快手等短视频平台的账号，建立起直播团队，对外推广松桃苗绣。2021年的春天，一个名叫石莉萍的"00后"女孩加入了这个大家庭，石丽平挚爱的苗绣事业，又多了一名逐梦人。

当代"女愚公" 掀起"麻怀干劲"

——记黔南布依族苗族自治州罗甸县沫阳镇麻怀村党支部书记邓迎香

邓迎香简介

邓迎香，女，汉族，1972年10月出生，贵州罗甸人，中共党员，现任贵州省黔南布依族苗族自治州罗甸县沫阳镇麻怀村党支部书记、贵州省妇联副主席（兼）。她是一名边远山区普普通通的农村妇女，更是一名闪烁着党性光辉的共产党员。她为改变家乡贫困落后面貌不等不靠、敢闯敢干、艰苦奋斗，带领村民发扬"愚公精神"，锲而不舍、战天斗地，在悬崖峭壁上硬生生凿出一条"麻怀出路"。获"全国优秀共产党员""全国三八红旗手""全国脱贫攻坚奋进奖先进个人"等荣誉称号。2017年9月，邓迎香当选为党的十九大代表。

"啃"通艰难出山洞

曾经,罗甸县麻怀村的 157 户 643 人居住在典型的喀斯特石山里。由于大山阻隔,交通不便,村里的物资运送都要靠人工肩扛,再加上田土稀少,全村生产发展十分落后,村民吃的是苞谷饭,生活极为贫困。

1998 年 12 月,麻怀村实施农村输电工程。但抬着电杆走山路太危险,幸亏村民发现山崖下有一个出水洞,"如果能打通山洞,电杆可以从洞中抬进来"。于是,时任麻怀村党支部书记金玉才、村委会主任汪贵才、副主任李德龙和村民任鸿等 4 人用绳索吊人到洞口察看。

10 余天后,村里请来了县交通局原副局长、技术员帅永昌(已故),他与李德龙、麻怀村翁井组组长曹响国一道,对山洞进行专业勘测,确认可以打洞,并划了标线。

1999 年 11 月,李德龙、曹响国组织翁井组群众召开大会,讨论打隧洞的事情。全体村民形成共识:打通山洞,开挖一条通村公路,经过隧洞连接山外公路。会上明确:由紧邻山洞的翁井组实施打暗洞工程,村里有货车的驾驶员负责出工运砂石;李德龙负责寻找炸材;打暗洞由曹响国负总责,承担挖掘分工、现场监工、发放炸材的工作。施工人员被分成 3 个班:由袁端红率 9 户负责掏砂、运砂;蒋治伦率 9 户负责掏砂、运砂;曹远新率 6 个人负责打炮眼、放炮。董架乡人民政府派金玉祥负责打隧洞的爆破安全。

此时,翁井组村民袁端林和妻子邓迎香在县城铁合金厂打工,他们焊了 3 个铁撮箕,支持村里挖掘隧道。他们还把家里的土地拿给本村的罗兴仁耕种,不要粮食,让罗兴仁以顶替出工的方式参与凿洞。

村民们于 2000 年 1 月正式开始打暗洞。到 2000 年 2 月,暗洞打通,此时的隧洞只能容 1 人爬着通过。同年 6 月,村民们决心扩宽隧洞,至少能够让人站着通行,以便秋收时能用扁担挑玉米通过隧道。于是,当代"女愚公" 掀起"麻怀干劲"

李德龙、曹响国组织召开翁井组的群众大会,讨论对隧洞进行排障排险和扩宽加固等事宜。当年,村民们一直打到7月份。终于,隧道可以容纳单人挑玉米通过了。

2001年,村民们为了让车子通过隧洞,决心将隧洞拓宽到4米宽。当年5月份,李德龙、曹响国组织召开翁井组群众大会,主要任务是:扩洞、排障、填路。会议明确采取分工到户的方式进行扩洞,但由于没有考虑各路段的难易程度,只有三户完成了任务,其他工点开始扯皮,导致停工了。

2002年5月,董架乡实施农村电网改造,电杆还是不能从隧洞抬进来。于是,村支书金玉才、村主任汪贵才、副主任李德龙、翁井组组长曹响国组织召开了翁井组群众大会,确定再次扩洞。经过41天的奋战,隧洞终于扩宽了3米,可以抬电杆从洞内通过了。

2003年,时任董架乡党委书记王金虎到麻怀村调研后,同意村

邓迎香(前排右三)带领村民开凿麻怀隧道

民继续扩洞，并表示政府可以在资金和炸材方面提供支持。于是，李德龙、曹响国又组织召开了群众大会，讨论隧洞的扩建问题，并达成了共识：扩隧洞宽至4米、高4米。

60多个壮劳力又进了40米深、1米高，还流着水的山洞，他们带着蜡烛、煤油、洋镐、大锤、钢钎，"啃"洞，运砂石。

2004年正月的一天午夜，随着一声炮响，长200多米的隧道终于打通了。

其实，那还算不上隧道，只是条又矮又窄、坑洼不平的洞道，通不了车，人弯腰走过去时，要是不注意的话还会撞到头。

2004年6月，由于煤洞发生瓦斯爆炸，袁端林不幸遇难。邓迎香带着一双年幼的儿女，回到麻怀生活。

"不知天高地厚的疯女人"

2007年，邓迎香与李德龙（其妻因车祸去世）重新组成一个家庭。

转眼间，2010年国庆节，李德龙与前妻的二女儿李琼出嫁。邓迎香忙里忙外，希望把婚礼操办得喜庆、热闹。

麻怀隧洞是出嫁必经之路。那天李琼身着一袭洋气的白色婚纱，可是前一天刚下了雨，洞里淌着齐膝深的水，她不得不脱下皮鞋换上拖鞋，双手抓起婚纱，在洞里踉跄前行。高个子的新郎全程猫着腰。从洞里出来，一对新人已是浑身泥巴。

那一晚，邓迎香辗转反侧，女儿女婿的狼狈相刺痛着她的神经，多年来这条路带来的辛酸苦痛一幕幕地涌上心头。那一夜，邓迎香又想起她自己的孩子：一天夜里孩子发烧，当背着孩子好不容易翻越对面的那座山时，孩子已不幸夭折。她不由翻身坐起来，对李德龙说："我要把洞凿高、凿宽，要通汽车。"

李德龙吓了一跳："你疯啦？"

村民不是不想把隧洞拓宽加高，可是实在干不动了，钱花光了，人也累垮了。就凭那样原始的作业方式，要干到哪年哪月？很多人灰了心，有的举家迁往山外。

尽管如此，邓迎香还是只身一人进了洞，抡着铁锤，一锤锤地凿石头。一天下来，双手划满了血道道。

"你这个不知天高地厚的疯女人！"李德龙嘴上骂，却也担心妻子，时常到洞里帮助邓迎香。"我们两口子'啃'洞到死也成不了隧道，动员大家一起来吧。"邓迎香开始组织村民商讨凿洞的事。

第一次开会，50个人足足吵了4个小时。说到底，还是没信心。第二次开会，一些原先同意的村民又反悔了。邓迎香只得挨家挨户上门做思想工作，给大家算账："如果大卡车进村，就能收活的牲口，多卖不少钱。谁家想建房，运输成本可以降一半，东西还能拉到家门口。"第三次开会，邓迎香使了狠招，宣布："谁干谁受益！将来隧道完工后要装扇大铁门，平时锁上，只给打洞的人发钥匙。"第四次、第五次会议后，终于所有人都同意了。

那么，钱呢？设备呢？邓迎香决心使用机械设备，毕竟土办法的效率太低了。她和李德龙找到乡里，跟着乡干部去县上寻求支持。

2010年3月，他们向董架乡申请到3万元资金用于支持麻怀村扩宽隧洞。

李德龙嘟哝："3万元够干啥？打不了隧道嘛。"邓迎香却喜出望外："有3万元就做3万元的活儿，打到哪儿算哪儿！"

她和几个村民买来一辆二手拖拉机，又租了空压机，买了炸药。

2010年农历十一月初八，开工仪式举行。洞内点上蜡烛，燃起煤油灯，邓迎香和李德龙一人带一队，从两头同时凿进。凿岩、运渣、放炮，工地上热火朝天。

消息越传越广,"农村妇女凿隧道"的壮举震动了大山,也震动了很多人的心。越来越多的力量加入了邓迎香的队伍:县民族宗教事务局资助5万元,县民政局资助3万元,县城建局资助6000元,县残联资助3000元,县职校资助2000元,县血站资助2000元,县政府资助5000元;县财政局给了4吨水泥,县林业局给10吨水泥,县水利局给20吨水泥。邓迎香的女婿也捐了1万元;5个在县城开货车的麻怀人赶来无偿拉渣土。

不仅翁井组,麻怀全村的劳力都调动起来了,总共400多人。而邓迎香和女儿在自己家里煮饭给大伙儿吃,每天三五十斤米,都自己掏腰包。

邓迎香外出时,就让读初三的女儿袁红梅顶自己的班干活。这个15岁的女娃在洞里干了几天就哭闹着不去了。邓迎香晚上回家,只见女儿手掌有了裂纹,手背上是道道伤痕,心痛得直掉眼泪。可是,

当代"女愚公"邓迎香,一名闪烁着党性光辉的基层共产党员

当代"女愚公" 掀起"麻怀干劲"

她将女儿两只小手握在手心里说："不能让其他人说妈妈不干活,妈妈必须做出个样子来。"

2011年8月16日,一条连接山内外,长216米,宽、高都有四五米的穿山隧道全线贯通,麻怀村史上第一次开进了汽车。

此后三年,在县财政、交通部门的支持下,又加固了隧道,给隧道铺好了水泥路,平整了洞顶和洞壁,还铺好了通村通组的水泥路。

就是这条简陋的隧道,成了麻怀村的致富路。八成以上的村民盖起了砖房,不少人家买了摩托车、小汽车,村里的生活一下子多了很多滋味。最开心的是孩子们,半小时之内就能到学校了,村里还出了20多个大学生。

2013年7月12日,时任贵州省委书记赵克志走进麻怀隧道,称赞道:"麻怀村民了不起,邓迎香是当代'女愚公'"。

2014年1月,43岁的邓迎香当选为麻怀村村主任。

麻怀村掀起"二次创业"热潮

2015年8月,邓迎香当选麻怀村村支书,她和其他村"两委"班子成员带领村民掀起"二次创业"热潮,要把麻怀村建成小康示范村。

围绕百姓富、生态美的要求,麻怀村打好基础设施脱贫攻坚战,村容村貌焕然一新。为抓好产业扶贫,麻怀村成立了村级合作社,大力发展特色种植业和庭院经济。不久,全村就发展出蔬菜产业100多亩、食用菌3万多棒、林下种菇200多亩,还建成用作家禽养殖圈舍的4栋厂房,总面积3000平方米,养殖黑毛猪200多头(其中能繁母猪100余头)。

麻怀村还抓实党建扶贫,探索实行村干部职业化管理,实行绩效考核。按照"产业兴旺、生态宜居、乡风文明、治理有效、生活富裕"

的总要求，完善村规民约，对违规办酒和不守法、不诚信、不孝敬老人的村民进行曝光，提高村民自治能力。如今，麻怀村农村电商产业风生水起，打造了农副产品品牌"迎香"。麻怀村还充分利用毗邻"中国天眼"的区位优势，积极发展乡村旅游产业，许多村民开起了农家乐，麻怀村也成为远近闻名的小康示范村。

"麻怀干劲"在传递弘扬

麻怀人的干劲和邓迎香的事迹引起了各级媒体和社会各界的广泛关注。2016年以来，中央电视台、新华社、光明日报、中新社、文汇报等国家主流媒体和省、州主流媒体对麻怀干劲和邓迎香的事迹进行了大量的宣传报道，在社会上引起了强烈反响。

邓迎香在大棚里察看香菇长势

2016年，麻怀被评为"全省党建扶贫示范基地"，作为麻怀村的典型代表，邓迎香先后获"全国第四届消除贫困感动奖""全国三八红旗手""全国优秀共产党员""全国脱贫攻坚奋进奖"等荣誉。2017年9月，邓迎香当选为党的十九大代表。

麻怀村人"不等不靠、协力攻坚、锲而不舍、干在实处"的干劲和精神，为罗甸县脱贫攻坚谱写了壮丽凯歌，"鼓足麻怀干劲"成为罗甸全县人民决战脱贫攻坚、决胜同步小康的强大精神动力。

探索农村脱贫致富新路径

——记安顺市平坝区乐平镇塘约村党总支书记、村委会主任左文学

左文学简介

左文学，男，汉族，1971年10月出生，贵州平坝人，中共党员，现任贵州省安顺市平坝区乐平镇塘约村党总支书记、村委会主任，曾是贵州省出席第十三届全国人民代表大会代表。左文学在担任塘约村党总支书记期间，依托"金土地"合作社，搭建起农村产权确权信息管理平台，在保障农民土地集体所有性质不改变、耕地红线不突破、农民权益不受损等前提下，率先在全省范围内对全村土地承包经营权、小型水利工程产权和农村集体财产权等"七权"进行了精准确权。获"2017年全国脱贫攻坚创新奖""2021年全国脱贫攻坚先进个人"等荣誉。

人总是这样，不被逼到绝境就不能激发出巨大的潜能。

2014年，对于安顺市塘约村来说，是一个贫困与富裕转换的标志性年份；对于塘约村党总支书记左文学来说，这是一个凤凰涅槃、破茧蝶变的重要年份。

回过头来看，左文学说："从我当选村委会主任那天起，我就有一个心愿——要带领塘约村父老乡亲改变家乡贫穷落后的面貌。这就是我的初心。2013年，我们村的年人均纯收入不到4000元，到2015年就提升到了8000元，实现整村脱贫；村集体经济从2014年的不足4万元增加到2016年的200多万元，成功摘掉'空壳村'的帽子，完成了从贫困村到小康村的华丽转变。"

时代大潮，风起云涌，左文学带领村"两委"一班人，与村民们一道紧扣时代脉搏，找到了一条可复制的农村脱贫致富的新路径。

左文学的哭

说到塘约村的华丽转身，左文学忘不了一场大雨。

2014年6月3日，突如其来的一场大雨，给塘约村带来沉重打击，也把左文学和村民们逼上了绝境。

塘约村辖10个自然村寨，3300余人，其中劳动力1400多人，外出打工人数最多时达到1100多人，在当时是个典型的"空壳村"。2014年，因为一场百年未见的大洪水，村里的田毁了，路毁了，房倒了，好不容易收的那点粮食也泡水了。望着被洪水洗劫的家乡，左文学哭得忍都忍不住。自2002年底任村党总支书记以来，他曾想借着当地的煤炭资源给村里办个煤厂，还想办个木材加工厂，可村集体是空壳，没启动资金，连通知开个会都要左想右想。十多年过去了，村民们连脱贫的门都没摸着，羞愧、心酸一起涌上心头。

"现在怎么办？怎么办？"左文学问自己。

洪灾后第二天，市领导来检查灾情，问左文学，塘约村是不是也可以成立合作社，党支部可以把人组织起来呀！集中大家的力量、智慧和资金才能办成事，才能带领大家走出贫穷落后的困境。

市领导的一席话，像洪水之夜的电闪雷鸣，让左文学深受启发。当天晚上，左文学就通知村"两委"全体成员开会。会上，左文学说："我想好了，让全村都加入合作社，把分下去的责任田全部集中起来，由合作社经营。"

面对大家迷惑的表情，左文学进一步解释道："要踩出一条路来，第一步就是要成立合作社，搞规模经营，实现效益最大化；第二步是调整产业结构。"

左文学之所以有这个"第二步"的想法，是因为村里出去打工的人中，搞建筑、跑运输的很多，可以把这些人动员回来，组织起来，在村里组建种植、养殖、建筑、运输、加工等专业队，发展壮大到一定规模后再成立专业公司。

当时，左文学还给大家灌输了另外一个概念：土地流转。"我们为什么不成立一个土地流转中心？"左文学满怀激情地说，"通过流转，把承包地重新集中到村合作社，村民入股到合作社的土地经营权，可以按每亩一年的约定价领取资产性底线收入，年底还能分红。"

说干就干。2014年6月8日，塘约村辖10个村寨的86名村民代表，集中到塘约村本部开大会。会上，左文学把想法和盘托出，并强调，入社自愿，退社自由。

经投票公决，86名村民代表全票通过。

之前，村里人靠传统农业勉强度日，一场洪灾把很多农户冲得一贫如洗。塘约村村民已经穷到了底，困难到了底。86名村民代表全票通过的投票公决充分说明：大家穷怕了，苦怕了！成立合作社不仅是破釜沉舟,也点燃了大家的希望。

于是,全村抱团发展的集体化道路在塘约村全面展开。左文学更忙了,连睡觉的时间都没有;但他却激情高涨,越干越起劲,越干思路越活跃。

左文学的笑

群众发动了起来,左文学开始实施他的第二步设想——产业结构调整。"我们把村里在外搞建筑、跑运输的人召回来后,根据他们的特长组建各种公司,靠集体的力量,整体规划,合理开发,多种经营,专业化生产,组织化利用。"

在此基础上,塘约村合作社结合实际,组建了各种专业队。负责组建专业队的村干部叫丁振桐,中专毕业后到江苏打过五年工。专业队队长,由村民们选,选出来后报村"两委"认定。村民可根据自己的能力和意愿,选择参加不同的专业队。

农业生产团队有4个组,负责人称班长。45岁的罗光辉及妻子带着孩子在外打工,除去吃住和孩子读书的费用,每年能有两万多元结余。罗光辉的母亲80多岁了,要有人照顾,罗光辉只得举家回乡。回乡后种辣椒等蔬菜,收成不错,被选为种地班班长。罗光辉重视精耕细作,耕地,别人耕两遍,他耕三遍。他还把工厂里的标准化生产运用到农田里,在他的带领下,一亩地产辣椒七八千斤。2019年一斤辣椒卖1.2元,亩产近万元。卖了辣椒还能种一季小白菜,一亩又能收获三四千元。

团队组建完成后,生产团队四个组共80人,季节性用工(如采摘时)可用到300多人。农业团队的主力军是妇女,人数占到8成。

一个妇女在水田劳作一天的报酬是100元，旱地劳作一天则是80元。一个月有4个休息日，最低月工资2400元。出勤26天算一个月，不满26天按天扣工资，超过则按天付加班工资。

班长罗光辉的年薪为5万元。完不成预订产值，扣年薪；超过了，超产部分30%归他，70%归合作社。归合作社的部分，年终全社分红，40%给农户，30%归合作社，20%提留公积金，10%提留村委会用于办公。所定产值，是能够保障团队支付基本工资的产值。

因种植业绩尤为突出，罗光辉很快被推举为合作社的农业社长。这里，4个组不存在竞争，而是可以互相学习、互传经验、资源共享，共同向外开发市场，更好地发挥规模效益。

这样一调整，塘约村的变化有多大？

之前，全村土地撂荒30%，合作社成立一年多，这个以妇女为主力的农业团队，把先前所有撂荒的土地都种上了，其中精品水果1250亩、浅水莲藕150亩、绿化苗木612亩，还建成了400亩无公害蔬菜基地，这里产的蔬菜，专供城里的学校食堂。

2015年4月，塘约村运输队正式成为运输公司，注册资金800万元。另外，还建立了一个水务管理工程公司，把全村的自来水、提灌站集中起来管理，注册资金900万元。

运输队队长叫刘尧光。运输队有40多人，6成以上是打工回来的。土地确权流转到合作社后，合作社出面担保给农户贷款，没车的可以用贷款买大型货车或中型货车。现在运输队有四五十辆车。开大型货车的每月收入3万元左右，开中型货车的每月收入有1万多元，没出车的时候还可以做别的工作。

就在村民投票公决后不久，塘约村合作社把老队部的旧楼拆了，盖了一座更大的新楼。这新楼就是他们自己的建筑队和运输队合力的"作品"。

他们说合作社是全体村民的总部，村民的大家庭，要有一个有号召力的新形象。这座楼里有一个"道德讲堂"，不仅讲孝道，也讲

左文学（中）带领村民闯出了一条可复制的脱贫致富新路

科学养殖等。

看着村里翻天覆地的变化，左文学笑得一脸灿烂："这在过去是想都不敢想的情景啊！"

在随后开展的"七权同确"工作上，塘约村推进得十分顺利。2014年10月，安顺市农委把塘约村定为全市深化农村改革试点村，称它"拉开了农村产权制度改革的序幕"。

2015年春天，塘约村已是贵州省农村产权"七权同确"第一村。哪"七权"？那就是：农村土地承包经营权、林权、房屋所有权、农村集体土地所有权、集体建设用地使用权、农村集体财产权、小型水利工程产权。

有何意义？山林确权后，2000多亩林地正在逐步实施"林下养鸡"项目，已达到200万羽生态鸡的规模。还有从前大集体时搞的小型水利工程，流入小箐龙潭的水是完全无污染的山泉，合作社正筹建山泉水厂，并在下游搞了个占地30多亩的水上乐园。他们还着手在硐门前寨建一个大型现代养猪场,由此可建大型化粪池,与此配套,又新辟了600亩蔬菜基地,所种蔬菜直供城镇学校的学生食堂……

安顺市总结塘约村的变革是这样描述的:

在这个过程中,测量、勘定是村的行为,称"确权";颁证是政府行为,称"赋权";交易属市场行为,称"易权"。通过这"三权"促"三变":资源变资产,资金变股金,农民变股民。巩固了农村资源集体所有权,维护了农民土地承包权,放活了土地经营权。

塘约村的"七权同确",贵在步步为营,全是巩固集体所有制,这正是把改革的成果更多、更公平地惠及全体村民。塘约人因此对自己"村社一体"的合作社有更多的体制自信。左文学把"全体村民所有"简称为"全民所有"。当村民在这个集体中体会到有尊严的劳动生活时,才有主人的地位,这是产生"内生动力"的真正源泉。

从人的意义上说,这是人的解放。

左文学的狠

在带领塘约村村民脱贫致富的同时,左文学还在思考精神层面的问题,即改陋习、立新规,加强农村精神文明建设。"其实,我们是把控制吃喝风作为一项大扶贫工作的内容来做的。"左文学说。

"不要小瞧这个问题,弄不好所有的一切都有可能被颠覆和摧毁,大家还得继续贫困下去。"左文学说:"村风要正,全村酒席统一办理。"

不算不知道,一算吓一跳。2014年,左文学和村"两委"班子成员调查发现,塘约村流行满月酒、周岁酒、剃毛头酒、生日酒、升学酒、订婚酒、结婚酒、上寿酒、出殡酒、迁坟立碑酒,甚至母猪下崽酒、赌博输了还办个"落难消灾酒"……各种乡村酒席,名目繁多,五花八门，村民不堪其扰，但又无可奈何。

就以办一台丧宴酒席来说，整个寨子的人都去吃，少的100人，一般的300人，多的将近600人，时间上短则5天，长则9天。村民们不是在吃酒，就是在去吃酒的路上。这种现象既耽搁了生产，又耗费了钱财，许多低保户、贫困户，一年竟然要举债送出超过1.4万元的礼金。

为了办酒、吃酒，甚至还有人不惜贷款。村民杨成英的丈夫去世了，儿子有智力障碍，儿媳妇有言语障碍，家境十分贫寒。但这样的家庭每年吃酒送礼的礼金大约要1.2万元。那么，钱从哪里来？没办法，只能靠贷款。

左文学算了一笔账，过去塘约村每年因摆酒席损失将近3000万元，这还不包括礼金。一个贫困村要做多大的项目才能挣到这么大一笔钱？

不行，必须改！左文学狠下心来，于是，塘约村有了"红九条"与"黑名单"。

"说起'红九条'，很多外地人都在找到底是什么内容，为什么这么厉害和管用。"左文学笑着说，"其实，'红九条'的内容非常简单，就是一个村规民约，九个方面，凡是违反的就拉入'黑名单'。"

"红九条"规定凡有以下情节者均拉入"黑名单"：一、损害公共利益，不参加公共事业建设者；二、不爱护环境，不交卫生管理费者；三、乱办酒席铺张浪费者；四、贷款不守信用者；五、不按规划、乱搭乱建者；六、不执行村"两委"重大决策，不积极配合组委会工作者；七、不孝敬父母，不管教未成年子女者；八、不维护塘约村形象，在公共场所闹事者；九、不明事理，不团结邻里，影响公共秩序者。

每一条都是警戒线，谁踩了红线，就要被"拉黑"。左文学让人把这"红九条"印成《公告》，塘约村921户每户一份，并让大家都签订了承诺书。

禁"乱办酒席"只是其中的一条内容。为了规范村民办酒的问题，塘约村成立了"红白理事会"，负责统一办理全村酒席。

为什么叫"红白理事会"？左文学进一步解释说："因为只准许办结婚酒和丧葬酒，此外一律禁止，为此全村酒席总量一下减少了70%。"

红白理事会按照规定建立办酒申报制度，凡批准的，就由村集体提供餐具、厨具，以及厨师等服务人员为之免费操办，酒席规格实行标准化管理，不用攀比，也没有必要攀比。说起这些，左文学不无开心地说："村集体花了不到60万元，堵住了过去村民滥办酒席近3000万元的损失，怎么看都太值得了。"

或许有人会问"拉黑"之后怎么办？什么时候才能取消对该户的"黑名单"管理？

左文学说，村里有相关的配套制度措施，"拉黑"的最短期限是3个月。违反者改正了，要在村民小组会上检讨，组委会5人签字，报村民代表大会审议通过了，才能恢复正常。审议通不过的，再延长3个月，直至村民代表大会审议通过。

塘约村对村规民约的实施，一丝不苟。有一户农家儿子考上了大学，到县城办了20多桌酒席。村里把他拉黑后，他不服气，就去找左文学，并说："我没有在村里办，并不影响村里。"左文学告诉他："你是塘约村村民，就必须按塘约村的村规民约办。塘约塘约，'塘约'是一种约定。这个约定是由村里共产党员带头，老百姓共同响应，改变贫穷落后面貌的盟约。"

左文学和乡亲们一道，靠着这个约定，齐心协力共同奋斗，走出了一条中国农村脱贫攻坚的新道路，走出了一条实现富裕和幸福梦想的道路，走出了一条具有农村发展典型意义的道路。

幸福像花儿一样红

——记黔南布依族苗族自治州惠水县明田街道新民社区党支部书记、居委会主任罗应和

罗应和简介

罗应和，男，苗族，1978年1月出生，贵州惠水人，中共党员，现任惠水县明田街道新民社区党支部书记、居委会主任，是十三届全国人大代表。他坚持"群众利益无小事"，提出"五个好"工作目标，制定"十问工作法"清单，着力解决易地扶贫搬迁的后续帮扶问题。他创建"移民夜校"，设立移民劳务服务公司，成功推荐1856人在经开区企业务工，帮助社区所有劳动力累计2815人全部就业，使贫困群众实现了家门口就业，真正做到了搬迁以后"稳得住、能致富"。获"2019年全国脱贫攻坚奖奋进奖""2021年全国优秀党务工作者"等荣誉。

如果有人问我，这一生中最无悔的事情是什么？我会毫不犹豫地回答："搬出大山！"如果有人问我，搬迁后大家的生活怎么样？我会用一首歌名来告诉大家："《好花红》！"

我叫罗应和，现任贵州省黔南布依族苗族自治州惠水县明田街道新民社区党支部书记、居委会主任。

2015年，我还生活在惠水县摆金镇斗底村岩脚组，那里曾是贵州贫困程度最深的石漠化地区，不通水，不通路，不通电。在老家赶个乡场买点油、盐，都要翻山越岭步行几十里山路。家里也没有田土，只能在石头缝里面种苞谷，生活很困难。没想到会有搬迁的好机会，让我从偏远的大山搬进了环境优美的社区，开始了新的生活。搬迁让我的命运发生了翻天覆地的改变。

2016年，当镇里的干部来到我们寨子动员搬迁的时候，我感到幸福来得太突然。得到消息的当天，全家人激动得睡不着觉，开始想着搬迁后的生活。但是村子里面有些老人，他们顾虑较多，担心以后的生活。土地是农民的命根子，如果不跟他们说清楚，大家就会很担心。于是我给老人们做思想工作，给大家把搬迁政策讲明白，大家听了之后就像吃了"定心丸"，纷纷决定从大山搬出，到外面去看一看不一样的风景。

作为第一批搬迁者，我和大家一起搬到了离县城10公里的经济开发区易地扶贫搬迁安置点。社区环境优美，交通便利，基础设施完善，新家家具齐全，搬来的人们笑着相互打招呼，笑容看上去就像绽放的花儿一样！

搬出大山，不等于脱贫了。在我看来，大家要脱真贫、真脱贫，过上幸福生活，还必须努力奋斗，不仅要搬得出，还要稳得住、能致富。2016年12月，新民社区党支部成立。贫困群众搬进来了，基层组织建立起来了，大家信任我，选我当支部书记，我就有责任当好这个家！当时摆在我面前的最大难题，就是如何解决就业问题。

有一次，我把35人送到经开区的一家企业面试。然而，企业负责人对我说："小罗，你带来的人，不是我不想要，而是有很多问题，我不敢要！比如，不守规矩，三天两头请假；个人素质跟不上，连走路都要教；不讲卫生，两手一捏，鼻涕就甩到公司墙上。这样的员工叫我们怎么接收？"

一席话，说得我很想哭，但我没哭。作为一名党员、退伍军人，我怎么能轻易服输呢？琢磨来琢磨去，破题思路逐渐清晰。我萌发了对大家进行分批分类培训的想法。

说干就干，我同社区干部立即筹备教室，开办了移民技术技能培训夜校。开班前，我对参训人员的文化程度进行摸底测试，但测试结果极不理想，有的群众连笔都拿不稳，甚至有的群众还说，"宁愿扛锄头，也不愿进校门"。

恰恰是这不理想的测试结果，更加坚定了我开办技术技能培训

罗应和在惠水县扶贫车间宣讲全国"两会"精神

夜校的想法。终于，汗水和努力没有白费，辛勤付出换来了回报。第一个培训班结束后，我带着培训合格的38人再次到之前的那家企业面试。万万没有想到的是，38人全部被录用。随后，参与夜校培训的人越来越多。通过培训，越来越多的搬迁群众提高了谋生技能，找到了稳定的工作，大家的生活越过越好。

到现在我仍然清楚地记得，2016年刚刚搬迁来的王华平，家有年近古稀的父母，因为家境贫寒，一直找不到对象。王华平终日无所事事，每天喝酒，等着拿低保混日子。后来，经过夜校的培训，他学会电工技能，被推荐到附近企业上班。一年下来，他的工资存款就有3万余元。如今，他工作很认真，也已经娶到了媳妇。

为增加大家的收入，我和社区干部经常到群众家中走访，聊聊他们的情况，谈谈他们的愿望。当时一些五六十岁的老人天天来问我能否找一点活儿给他们做，因为这事我压力挺大的，晚上两三点钟还在失眠。我甚至有时候会想："为什么要当这个支书呢？如果换另外一个人来当会变成什么样子？别人为什么选我来当？"经过一遍遍的自我追问，一次次的实地了解，一轮轮的头脑风暴，我终于给了这些"闲不住"的老人们一个满意的答复：年纪稍大的、无业在家的，可以用藤编手艺编制椅子。这种灵活的就业方式，解决了大家的难题，让大家能够用自己的双手拓宽赚钱渠道。

在我看来，这些不仅仅是大家的脱贫致富需求，更是大家不甘贫穷，勇于向新生活奋进的昂扬姿态！我们都在努力奔跑，用心守护这来之不易的幸福生活！

与此同时，通过东西部扶贫协作和我们的努力，社区的扶贫车间增加到了两个，这让我们感到非常高兴。社区里有专门做服装加工的扶贫车间，模式已经比较成熟，为社区群众提供了很多就业岗位，让大家实现了家门口就业。另外，唐人坊扶贫车间生产制造的"唐娃娃"

产品也深受大家喜爱,"娃娃"的造型是根据社区少数民族群众跳舞的造型设计的。现在,"娃娃"产品的造型更多样,民族特色也更加浓郁。从搬出山沟沟到拥有文创产品,这是我们以前没想过的,也是不敢想的。这些"娃娃"对我们社区来说不仅仅是一个文化符号,更是一个"金娃娃",群众每加工一个产品就能得到70—80元钱,在扶贫车间稳定就业的群众的工资能保持在每月3000元左右。

搬迁之后,我也看到了大家在一点一点地改变,我能够真真切切地感觉到社区群众的融入。因为每当我问到他们住在哪里时,他们会说自己是住在哪一栋哪一个单元多少号,我觉得这就是一种身份的认可。这种融入不仅仅是生活的融入,还包括工作上的融入。大家每天上班下班,定时定点地忙碌在自己的工作岗位上,奋斗的劲头很足。有了稳定的工作,大家的生活也丰富起来。每到节假日,都能看到社区群众或者自驾游,或者跟团游,一家人幸福地出去,再一起高高兴兴地回来。看着大家脸上的笑容,我知道那是发自内心的、具有感染力的。

2018年,我光荣当选十三届全国人大代表,有幸带着人民的心声去首都北京开会。作为贵州192万易地扶贫搬迁群众的代表,我感到非常自豪和幸福。这一年,我分享了社区搬迁群众"一步住进新房子、快步过上好日子"的喜悦心情。2019年,我带了三张照片去北京:第一张照片是易地扶贫搬迁群众欢聚一堂同吃团圆饭;第二张是社区附近的小学、幼儿园举行新校园新学期开学仪式;第三张是"重返幸福干群帮,致富不忘党中央"的照片。我向大家分享搬迁群众在新的环境安居乐业、收获满满的幸福场景。在这一年,我还获得了"全国脱贫攻坚奋进奖",这不仅是我个人的荣誉,更是对大家的一种期许与鼓励。2020年,我向大家展示了搬迁群众在扶贫车间制作的畅销品——"唐娃娃",因为扶贫车间让更多的人实现了家门口就业。

每次回来，我都第一时间和大家分享传达学习"两会"精神，把党中央的好政策、好消息告诉大家，勉励大家再接再厉、继续奋斗，激发大家干事创业的热情。如今，社区的环境更加优美，各种设施也越来越完善，大家的获得感也越来越强烈。

作为人大代表，作为易地扶贫搬迁好政策的受益者，我也通过各种方式去到其他的易地扶贫搬迁社区调研、学习。在这个过程中，除了发现社区必须有自己的产业配套外，我也将需要继续完善的地方记录下来，结合实际情况进行梳理，通过认真履职，把关系到大家切身利益的事情处理好，不负大家的信任和重托。

星光不问赶路人，时光不负有心人。从搬离大山的那一刻，我们就和贫困做了告别，我们的人生，都已经被改写了。我们正在努力奋斗，创造更加美好的生活，让幸福像花儿一样红！

赤心向党　躬身为民　情系百姓
——记铜仁市思南县塘头镇青杠坝村党支部书记、村委会主任冷朝刚

冷朝刚简介

冷朝刚，男，苗族，1963年5月出生，贵州思南人，中共党员，现任贵州省铜仁市思南县塘头镇青杠坝村党支部书记、村委会主任。在冷朝刚的带领下，青杠坝村因地制宜、因势利导，以脱贫致富奔小康为目标，建基础、兴产业、强农民、塑民风、促振兴，先后发展起大蒜、辣椒、肉牛等产业，并修建食品加工厂、纸厂和森林山庄，不仅解决了村民在家门口就业的难题，也成功实现从第一产业到第二产业，再到第三产业的转型和跨越。获"全国优秀共产党员""全国劳动模范""全省脱贫攻坚优秀基层党组织书记""全国脱贫攻坚先进个人"等荣誉称号。

青杠坝村，位于塘头镇东北部，全村面积2.5平方公里，其中耕

地面积820亩，林地面积1080亩，全村现有230户945人。如今的青杠坝村，乡村面貌焕然一新，美丽乡村建设有声有色，户户通了硬化路，家家住上大砖房，群众的生活水平明显提高，随处可见乡村振兴的新气象，到处都有欢声笑语。这一切变化的背后，都离不开一位乡村守护人的坚持与努力、辛勤和付出，他就是青杠坝村党支部书记、村委会主任冷朝刚。

2004年，冷朝刚担任青杠坝村党支部书记，当时的青杠坝村资源匮乏，交通不便，基础设施落后，村容村貌差，群众经济收入渠道单一，青壮年劳力连年外迁，贫困程度较深，是一个人均可支配收入不到700元的小山村。关键之时看担当，面对繁重的脱贫攻坚任务，冷朝刚带领全村人民努力奋斗，发展产业，规范乡风文明，实现人均可支配收入达1.62万元，村集体经济收入突破600万元，累计资产达到5200万元，已形成种植、养殖、加工、服务四大主导产业。名不见经传的小山村变成了新农村建设中的一颗闪耀明珠。

时间回到十多年前。"青杠坝，田大丘，三年两不收，有女不嫁

冷朝刚在产业基地察看蔬菜长势

青杠坝,红苕伴着酸菜下",这段民间顺口溜就是青杠坝村当年的真实写照。穷,却不想被人瞧不起,靠着苦拼,冷朝刚把自己的日子过得有滋有味。可是,关于青杠坝村的顺口溜,就像魔咒一样困扰着他,当村民们将承载信任的选票投给他的时候,他毅然扛起了责任,带领村民们四下突围找出路。敢字为先,干字当头。从种植大蒜开始,冷朝刚为村民们找到了一条致富之路。

脱贫致富的"发动机"

俗话说,"要致富,先修路。"修建公路需要征用冷朝刚家的几亩土地,面对这种情况,冷朝刚说了一句话:"只要组织需要,我的土地可以无偿征用。"因为冷朝刚知道,一个人富了不算富,只有全村富了才叫富。因为这件事情,冷朝刚在村民们心里留下了极好的印象。在新一轮的村"两委"换届选举中,冷朝刚全票当选青杠坝村党支部书记。

为了寻求一条致富的出路,他花了将近半个月的时间梳理村里的发展条件,最终得出一个结论:水资源缺乏,种植水稻就是看老天爷心情。如果不因地制宜,脱贫简直就是天方夜谭。最终,冷朝刚决定靠种植大蒜来发展经济。在守旧封闭中,改革又谈何容易?冷朝刚挨家挨户给村民们算经济账,可没有村民买账,并且说出"大蒜是过年过节用来炒菜用的,只是配料,又不能当饭吃,比不上种水稻"这样的理由。无奈之下,冷朝刚自掏腰包聘请农技专家指导,自己带头开始试种。到了收获季节,亩产收入达到 4000 元。次年,为了进一步打消村民们的顾虑,冷朝刚拿自己家的房子做抵押,贷款 2 万元买蒜苗发放给村民种植。这一年,带领村民种植大蒜,首战告捷。村民们尝到了甜头,开始转变观念跟着村"两委"一起干,青杠坝村也逐渐走上了一条脱贫致富的快车道。

情系百姓的"暖风机"

"不为群众办事的村干部，不是合格的村干部。"十多年来，冷朝刚每天都要到群众家里走访。

冷朝刚的妻子田儒翠说："他是忘了自己去帮助别人家，那时我一个人既要下地干活，又要照顾小孩，还要养4头大肥猪，也是满肚子委屈。但看着他每天风里来雨里去的，也不忍心。好多时候，家里煮好了饭，左等他不来，右等他不来，又生气，又怕他身体吃不消哪天真出什么事。"

"2009年，为了推进村里的土地流转、建设大坝农业园区的工作，冷朝刚连续几天几夜做群众工作，最后因尘肺病复发被送到贵阳做手术，术后昏迷了一天一夜。他醒来后问的第一件事就是村里怎么样了。他就是这样拼死拼活地为大家，才坚定了大伙跟着他干的信心。"原村主任赵晓虎评价冷朝刚时说道。

群众的生活越过越好，但冷朝刚的家境却没有太大的起色。2000年修的新房，至今都还是那个样。村民们住上了小洋楼，开起了小轿车，看上了液晶电视，安装了太阳能热水器，而冷朝刚家——曾经村里最漂亮的砖房，转眼成了村里的"古迹"。

谈起自己家里和村民家里发生的变化，冷朝刚说："这些我都不在乎，最让我感到内疚的是没有时间陪孩子，没有多陪伴照顾生病住院的母亲，但我从来没有后悔过，只有群众过得好，我心里才安生。"

文明乡风的"编织器"

2008年，冷朝刚带头无偿让出自家的承包地用于村里修建公路，村里的男女老少出工出力，全村的村组公路和入户便道很快实现了硬化，路两旁还栽上了绿化行道树。2011年以后，村里又陆续安装了路灯，设置了垃圾池和垃圾填埋场，修建了村中心花园、游泳池，建起了能够容纳100余户群众居住的集中安置点。

经过几年努力，村民们的腰包鼓了起来，曾经制约青杠坝发展的水、电、路的难题迎刃而解。路变宽敞了，环境变干净了，村子变美丽了。2015年2月28日，全国精神文明建设工作表彰暨学雷锋志愿服务大会上，青杠坝村荣获"第四届全国文明村镇"称号；而冷朝刚本人也在不久前被评为"全国劳动模范"。

"在我们村，村里的事由村民做主，这是老冷（冷朝刚）立的硬规矩。"村民蒋中兵说，"凡是涉及老百姓和村里发展的事情，都要召开村民大会一起商议，村里的事情由村民做主。"

硬件条件改善了，生活好过了，冷朝刚琢磨的事情反而多了起来，"上任头几年，村里群众经常为鸡毛蒜皮的小事扯皮。"于是，《村民自治章程》《青杠坝村村规民约》应运而生，村里的环境整治、操办酒席、矛盾调处等事务有了规范管理的准则，村规民约成为管理村里大小事务的"村法"。

"从2006年以来，我们青杠坝村没有民事纠纷，没有治安案件，没有违法生育，党员干部也不存在违法违纪现象，全村非常团结和谐。"老支书黎朝凤满意地说道。

一路走来，冷朝刚先后获得"全国脱贫攻坚先进个人""全国优秀共产党员""全国劳动模范"等称号。"荣誉是鼓励，更是鞭策。"冷朝刚说，只有常念群众之苦，常思肩上之责，才会有"民不脱贫，寝食难安"的责任感，才能找到脱贫"金点子"。面对如今青杠坝村的蜕变，冷朝刚说："如果回到十多年前，再让我重新选择一次，我依旧会坚持这个目标和梦想，让青杠坝村富起来，让青杠坝村变个样！"

退伍老兵不褪色　脱贫战场立新功
——记安顺市平坝区白云镇平元村党支部书记、村委会主任肖正强

肖正强简介

肖正强，男，苗族，1981年9月出生，贵州平坝人，中共党员，1997年入伍，2005年退伍，现任安顺市平坝区白云镇平元村党支部书记、村委会主任。面对全村"地平、村弱、人穷"的现状，肖正强敢闯敢试，勇于创新，用在部队学到的管理经验和军人思维治村，以作战方式做事，以治军方式治贫。他革新村委管理，组织全村39名退伍复员军人组建"特战队"，在全区率先成立老兵调解室；他创新"村集体合作社＋贫困户"模式，制定村规民约，带领群众决战脱贫攻坚。2019年底，平元村人均年收入达11360元，首次突破了万元大关，实现全村贫困人口全部脱贫，平元村变成了远近闻名的富裕村、先进村。平元村委于2018年获"全区脱贫攻坚先进党组织"称号。肖正强获"2020年全国脱贫攻坚奖创新奖""2021年全国脱贫攻坚先进个人"等荣誉。

贵州省安顺市平坝区白云镇平元村，坐落在古人类化石遗址飞虎山脚下。"飞虎山下，大田大坝，平元村庄，鱼米之乡"，这首民谣道出了平元村曾经的美丽与富饶。然而现实却不如歌谣那般美好，全村992户3288人中有建档立卡贫困户100户403人，贫困发生率较高，一度被贴上"地平、村弱、人穷"的标签，村民戏称"守着金饭碗，就是舀不满"。

直面贫困问题，践行初心使命，退役军人肖正强放弃红火的生意，回村担任村党支部书记，扛起了责任。他用部队学到的管理经验，革新村委管理，激活干部干事创业的激情；组建"特战队"，带领群众决战脱贫攻坚。一步一个脚印，他用四年时间，让平元村发生了翻天覆地的变化：硬化路连接家家户户，村容村貌焕然一新；产业蓬勃发展，人均可支配收入突破万元，一个新时代的美丽乡村呈现在眼前。2018年12月，肖正强获得第六届"贵州省道德模范"提名奖。2019年6月，肖正强被评为"贵州省最美退役军人"。

放弃生意　退役老兵当支书

时间回到1997年12月，肖正强饱含热血与斗志应征入伍，成为成都军区某部队的一名坦克兵。在部队的培养锻炼下，他具备了吃苦耐劳、敢于担当、乐于奉献的精神品格，并从一名士兵成长到二级士官。2005年，肖正强结束八年军旅生涯退役回乡。回到平坝区，他开始了创业之路——开建材店，做生意。因踏实、诚信、直爽，他的建材生意做得风生水起，年收入在20万元以上。每次回到平元村，村民都羡慕不已，夸他"有出息"。但看到还处于贫困中的乡村和渴望致富的乡亲，他总感觉心酸。

"我一定要想办法改变村庄的面貌,带领乡亲们致富。"看着辛勤劳动的村民,肖正强下定了决心。

2016年,肖正强关掉门店,放弃多年苦心经营的建材生意,决定回到平元村。听到他要关掉门店,家人极力反对:"你在外面做生意有出息了,应该要好好发展,回到穷山村能干啥?"

"我一个人富裕了不能忘记大家,我要带领大家一起致富,让我们村都富裕起来。"肖正强苦口婆心给家人解释,做思想工作,终于获得了家人的理解与支持。

当年,他当上平元村党支部书记之初便暗下决心:"我一定要干出一番事业,闯出一条路子,带领群众脱贫致富。"

虽有豪情壮志,现实却十分残酷。尽管平元村的基础条件优越,可在白云镇的经济排名却是靠后的,且村"两委"干部素质不高、凝聚力不强,一直都是区、镇领导头疼的"问题村",上级部门安排下来的工作到了村里就无法落实,每次在会上都被批评。"打铁还需自身硬",建立一支敢打硬仗、善于攻坚的队伍势在必行。肖正强大胆改革,着手调整村干部。他在退役军人、致富能手、知识青年中物色人选,充实村级班子,配齐文书、治安员、监督员、计生统计员等,建立了一支群众信任、敢于担当、乐于奉献、平均年龄在38岁的队伍。他还制定干部管理制度,借鉴部队管理办法,定下"规矩":按时上下班,不迟到、不早退,有事要请假。此外,还制定学习制度,带领大家学习理论政策、实用科技、市场经济知识。肖正强从班子建设入手,对村"两委"的工作、作风、思想进行整顿,要求村"两委"成员通过学习提高政治素质和增强工作能力。支部多次召开会议,分析了原来支部班子存在的问题,就人心涣散、班子软弱、工作积极性不高等问题,查找原因,对症下药,通过交心谈心、书面汇报等形式的沟通,解决了"思想疙瘩",统一了认识,明确了责任,使大家心往一处想、劲往一处使。工作中大事征求意见,小事集体研究,求大同、存小异,各项工作都能做到民主决策，消除了大家的心理隔阂，心里顺了，工作起来积极性也高了，巩固了村"两委"班子在村级工作中的战斗堡垒作用。

功夫不负有心人，通过不懈努力，平元村连续两年被平坝区委、区政府评为先进村。

组建"特战队" 决战脱贫攻坚

支部强起来了，但村庄"脏乱差"与群众收入低的问题仍旧突出。为解决这一难题，肖正强将村里的退役军人发动起来，动员39名"兵兄弟"参与到村工作中来，组建退役军人"特战队"，发挥退伍军人的带头作用，提升凝聚力和战斗力。肖正强和队员们对上四处奔走争取资金和项目、对下进寨入户协调纠纷，在他们的群策群力下，全村硬化了通村路、连寨路、串户路共4.5公里，建设机耕道10余公里；实施人饮工程，解决了1100名村民的饮水难问题；实施亮化工程，安装路灯380盏，照亮了村民的回家路；组织投入12万元修缮房屋，投入70万元进行卫生大整治、文化墙绘制、栅栏安装、村牌建设等，乡村基础设施不断完善。路通、民富、村美的平元村成功实现旧貌换新颜，乡村美景逐渐形成。

肖正强还率先在平坝区成立了老兵调解室，参与村级矛盾纠纷化解和各类事务协调；定期走访群众和召开"院坝会"，宣讲政策，征集群众发展愿望，了解群众困难，对发现的问题实行台账管理，及时化解销号。不久，村级退役军人"特战队"和老兵调解室就解决了群众反映的问题160余个，实现小事不出村，矛盾不上交，问题化解在村里，让发生在群众身边的操心事、揪心事、烦心事得到及时有效

全面建成小康社会 贵州奋斗者

肖正强指导村民种植茄子

的解决。

同时，肖正强强化村庄治理，制定村规民约，刹住歪风邪气。充分借鉴"塘约经验"，制定了《平元村村规民约》《平元村村务公开制度》《平元村党务公开制度》，成立"红白理事会"，推行"四议两公开"，实行村民"红、黑名单"管理，对参与村级事业发展积极的群众建立"红名单"，在村级合作社务工和各类扶持政策中优先考虑；对不支持村级发展、违反村规民约、好吃懒做、好赌的纳入"黑名单"管理，村里暂缓提供各项服务，充分发动群众参与村级治理。

肖正强还依托就业部门开展的农民实用技术培训，提升农民素质，增强农民创业能力，帮助贫困群众增收脱贫，全面提升农民的内生动力和脱贫致富能力。

全力攻坚　产业蓬勃人富裕

"村民要致富，必须闯出一条发展道路。"肖正强说。他组织"特战队"分组外出学习考察，集思广益研究村级发展路子，做出了"调整平元村农业产业结构，大力发展蔬菜种植，让农民快速增收"的路径选择。

说干就干，肖正强带领"特战队"逐组召开群众会，挨家挨户做工作，收回被村民占有的集体土地500亩，强化了村集体资产管理。他还带领村民发展桑葚产业，通过与贵阳桑葚酒深加工企业签订收购协议，实现产销对接，解决了后续销售的难题。

产业起步后，肖正强采用"村集体合作社＋贫困户"模式，成立了平元村种植农民专业合作社，着力从现代化蔬菜产业突破。他争取到扶贫资金70万元，流转了120亩土地种植精品蔬菜。以"7111"模式利益联结贫困户，不光发放分红，还带动贫困户65人长期务工，并使每年的村集体经济增加11万元。同时，动员云龙组村民落实退耕还林项目种植经果林500亩，带动80余户村民致富。平元村的精品蔬菜种植面积也扩大到600多亩，产业发展如火如荼，产品源源不断地运往贵阳市场，十分畅销。

在肖正强和"特战队"的努力下，平元村的脱贫致富工作快速推进，成了带动周边村寨发展经济的龙头村。经过商议，平元村退役军人"特战队"分组对周边8个村寨的产业发展进行帮助，为他们提供技术、销售渠道的支持，有效带动附近村寨发展果蔬种植4400余亩，年经济收入可达4000多万元。2019年底，平元村人均年收入达1.136万元，首次突破了万元大关，实现村里的贫困人口全部脱贫，这个曾经的贫困村，变成了如今远近闻名的富裕村、先进村。

脱下军装换农装，把村务当家务，把村民当亲人，肖正强用自己的行动践行了当代退役军人的优秀品质。一分耕耘，一分收获，在他的带领下，平元村委于2018年获"全区脱贫攻坚先进党组织"荣誉称号。2019年7月，肖正强个人获"贵州省最美退役军人"称号，被誉为带领全村脱贫致富的"兵支书"。

2018年12月，全国政协军队委员考察团来到平元村进行考察，在听取了"老兵村支书肖正强带领群众脱贫致富"的事迹后，考察团成员纷纷为这个小山村的蝶变竖起了大拇指。

把精准扶贫"四看法"推向全国

——记毕节市威宁彝族回族苗族自治县迤那镇党委副书记、五星社区党支部书记李仁兵

李仁兵简介

李仁兵，男，汉族，1969年11月出生，贵州威宁人，中共党员，现任贵州省毕节市威宁彝族回族苗族自治县迤那镇党委副书记、五星社区党支部书记，2012年当选十二届贵州省人大代表。李仁兵带领五星社区创新精准识别方法，按照"农户自测—农户申请—民主评议—入户调查—回访统计—张榜公示—审核确认"的方式，形成了精准识别贫困户动态管理指标体系。获"2019年全国脱贫攻坚奖先进个人创新奖""2021年全国脱贫攻坚先进个人"等荣誉。

迤那镇，位于贵州省毕节市威宁彝族回族苗族自治县西北部，彝语中的"迤那"意为"美丽的海子"。曾经，迤那镇五星社区的生态环境脆弱、自然条件恶劣，是威宁县乃至毕节市脱贫攻坚的"硬骨头"

之一。

穷则思变，困则谋通。在脱贫攻坚工作中，迤那镇党委副书记、五星社区党支部书记、"全国脱贫攻坚先进个人"称号获得者李仁兵带领干部群众探索出精准扶贫"四看法"，为更好地推动精准扶贫、实现同步小康闯出一条新路子，得到各级政府及社会各界的广泛关注和认可。

探索精准扶贫"四看法"

在五星社区居委会办公室，张贴着精准扶贫"四看法"的内容。说起精准扶贫"四看法"的探索实践，李仁兵娓娓道来。

习近平总书记强调："扶贫开发贵在精准，重在精准，成败之举在于精准。各地都要在扶持对象精准、项目安排精准、资金使用精准、措施到户精准、因村派人（第一书记）精准、脱贫成效精准上想办法、出实招、见真效。"在"六个精准"中，"扶持对象精准"排在第一位。如何精准识别贫困户，让扶贫干部掌握一套简单易行的方法？这始终是基层干部面临的一个悬而未决的难题。

"我作为五星社区摆脱贫困奔小康的第一责任人，也遇到了和全国各地的其他干部一样的难处：谁是贫困户？要是看不准又怎样帮扶？这个问题回答不好，群众不满意，扶贫没方向。"李仁兵说，听到习近平总书记讲"小康不小康，关键看老乡"，给了他极大的启发。

怎么"看"老乡呢？李仁兵带着这个问题走寨串户，充分了解大家的所思所想所求，在工作实践中不断思索，探索出精准扶贫"四看法"，即"一看房，二看粮，三看劳动力强不强，四看家中有没有读书郎"，这样一看就一目了然了。

如何操作呢？村民张开举是李仁兵重点帮扶的贫困户，张开举因年已古稀，体弱多病，无力支持孩子读书，故申请纳入建档立卡贫困户。社区"两委"按照精准识别"四看法"，对他家的情况进行识别：他家住着两间破烂的小瓦房；家里的粮食不够吃；家中无劳动力；大儿子读大学，二儿子上高中。经过精准识别，量化打分，符合精准扶贫对象标准。五星社区把张开举家纳入精准扶贫对象后，因地制宜、因户施策，帮他家解决危房改造款5万元用于修建安全住房，鼓励他家种植党参2亩，还解决产业扶持资金1万元用于养殖能繁母牛2头，生活上采取民政兜底，在外读书的大学生还得到国家的教育扶持。在李仁兵的帮扶下，张开举家已稳定脱贫。

"'四看法'让精准识别更加便捷、简单，避免似是而非、厚此薄彼，可以有效杜绝优亲厚友、张冠李戴的情况发生。"李仁兵说，有了"四看法"，哪家属于建档立卡贫困户大家心服口服。谁该帮扶弄清楚了，怎么帮也跟着解决了，"调整产业结构"等就都有了落脚点。通过"四看法"，还能动态跟踪每个贫困户的脱贫进程，直到摘帽退出。

把"四看法"推向全国实践

在脱贫攻坚实践中，李仁兵带领五星社区创新精准识别方法，按照"农户自测—农户申请—民主评议—入户调查—回访统计—张榜公示—审核确认"的方式，探索总结出"四看法"动态管理指标体系，为精准识别贫困户提供了依据。

精准扶贫"四看法"既便于操作又务实管用，解决了长期困扰基层干部的难题。"'四看法'提出之前，部分群众对贫困户识别不满意，产生了与扶贫干部、基层干部对立的情绪，部分干部也产生对扶贫工作的畏难情绪，萌生了不想干、不愿干、不能干的心理。"李仁兵说。

通过"四看法"确定贫困对象后，就能通过产业扶贫、易地扶贫搬迁、教育扶贫、结对帮扶等诸多方法来解决怎么扶贫的问题。2014年初，五星社区精准识别出贫困人口134户438人。通过脱贫攻坚，五星社区顺利脱贫，群众人均收入从2010年的3078元提高到2018年底的超1万元。

2014年以来，威宁县通过精准扶贫"四看法"，在全县开展"一家一户调研摸底、一户一本台账、一户一个扶贫计划、一户一名干部结对帮扶、一户一回头跟踪扶贫效果"的脱贫行动，使得帮扶实效大幅提升。2015年，威宁县通过精准识别"四看法"共识别贫困人口24.51万，经民主评议公示后，群众无一人有意见，全县贫困人口识别准确率从80%提高到100%。

精准扶贫"四看法"因为具有符合实际、形象直观、便于操作的优点，得到贵州省委、省政府的肯定，并在全省推广。2015年，时任贵州省委书记陈敏尔在全省贯彻中央扶贫开发工作会议精神落实大扶贫战略行动推进大会上强调，要结合深入开展遍访贫困村贫困户活动，大力推广"四看法"。

2015年5月，时任国务院副总理汪洋在贵州考察时强调，迤那镇"四看法"把精准扶贫落到了实处，真正实现了精准到户。2015年6月18日，习近平总书记在贵州召开部分省（区、市）党委主要负责同志座谈会，会上指出："'四看法'实际效果好，在实践中管用。"精准识别"四看法"为全国贫困地区有效推进脱贫攻坚提供了经验参考，成为全国决战决胜脱贫攻坚广泛推广运用的典型经验。重庆、湖北、湖南、广西、云南、西藏等10多个省（自治区、直辖市）分别组成扶贫开发工作考察团赴威宁县迤那镇考察学习"四看法"。

2019年10月19日至21日，在第六个国家扶贫日到来之际，李仁兵作为全国脱贫攻坚先进事迹巡回报告团成员之一，先后在四川、重庆、贵州等地宣讲脱贫攻坚的故事，讲述精准扶贫"四看法"的实践与运用。他铿锵有力的话语深深打动了现场观众，引发了热烈的反响。

在乡村振兴中展现新作为

李仁兵年轻时曾外出打工多年，干过泥水工、矿工、修路工。曾经的工友遇到因工死伤、老板拖欠工资等问题却没有钱找律师时，他就自己找相关法律书籍来学习，帮工友们打赢官司。如今，在李仁兵的办公室书桌上，还摆放着几本法律书籍。

李仁兵任五星社区党支部书记后，还成了村民的义务调解员。他在空闲时间勤奋钻研法律知识，愈加熟悉农村民事纠纷涉及的法律条款，也更善于运用法律知识处理社区邻里纠纷，是老百姓公认的"民

李仁兵在大棚里察看蔬菜长势

间律师"，还被威宁县人民法院聘为人民陪审员。

"社区里鸡毛蒜皮的小事纷繁复杂，掌握这些知识，处理起来就极为方便，有些事情合情合理但不合法，你用法律知识跟群众讲清楚，老百姓就明白是非曲直。"李仁兵坦率地说，"我是个党员，也是个农民，能为村民做点实事，这就是我的初心。"

李仁兵以正直、无私的精神赢得了村民的认同和肯定，有效化解了农村矛盾纠纷，切实维护了群众利益，增强了群众的获得感、幸福感，实现了"小事不出组、大事不出村"的目标，也为乡村振兴营造了和谐稳定的社会环境。

"不仅带领我们脱贫致富，还帮我们调解矛盾纠纷，有这么好的支书，大家心里高兴。"提起李仁兵，村民们竖起大拇指点赞，形象地称李仁兵为"五星支书"。

五星社区所在地还是典型的喀斯特地貌，因为过度开垦导致石漠化严重，风沙肆虐，石头裸露。2013年，在李仁兵的带领下，全社区的男女老少齐上阵，在退耕还林区域种植华山松、竹柳等生态林，在房前屋后种植板栗、核桃等经果林。

经过几年的治理，五星社区的生态环境有了很大的改善。在海拔2500米的水平组退耕还林项目种植基地，华山松、竹柳郁郁葱葱。"当时我们根据宜林则林、宜耕则耕、宜业则业的原则，到林业部门争取到树苗，在五星社区种植了生态林2500亩、经果林1000亩。"李仁兵说。

在治理的同时，五星社区还给退耕还林农户发放每亩1200元的补偿金，并制定了村规民约，禁止村民在生态林地放牧，并把生态林交给迤那镇林业站和社区护林员管护。如今，华山松、竹柳正茁壮成长，在春风的吹拂下生机盎然，生态效益和经济效益开始显现。

"我只是认真做好一名基层党员的本职工作，能成为全国脱贫攻坚先进个人，我感到特别荣幸。"在诸多荣誉面前，李仁兵依旧保持着朴实和低调，"我深深珍视这份荣誉，将继续保持本色，不忘初心，

三、行业榜样

农药科研界的"贵州声音"

——记中国工程院院士，贵州大学党委副书记、校长宋宝安

宋宝安简介

宋宝安，男，汉族，1963年4月出生，湖南益阳人，中共党员，中国工程院院士，现任贵州大学党委副书记、校长。宋宝安长期带领科研团队从事农药创新研究和应用工作，在防控农作物病害、土传病害新农药创制和工程技术研究及应用技术等方面取得多项重要的科研成果，并实现了产业化，取得了显著的社会经济效益。在国际学术刊物发表SCI收录论文180余篇，出版专著6部，获发明专利29项。获国家科技进步二等奖3项、三等奖1项，省部级科技进步一等奖3项，何梁何利基金科学与技术创新奖，贵州省最高科技贡献奖，"贵州杰出人才奖"等荣誉。

农药科研界的"贵州声音"

"绿色农药是解决传统农药问题的一把钥匙,我们需要在新的生物技术引领、生物信息技术应用,以及多学科交叉跨界中协同推进。"2021年10月11日,中国工程院院士,贵州大学党委副书记、校长宋宝安在第二十一届全国农药交流会主题大会作学术报告时说。

宋宝安长期致力于新型农药的研发。三十余年的科研工作中,他克服重重困难不断提升贵州在农药领域的话语权。

作为全国农药学科学术带头人和贵州大学农药学科创建者,宋宝安主持了国家和省部级项目30余项。截至2021年,作为第一获奖人的宋宝安荣获国家科技进步二等奖3次、三等奖1次。

聪明、勤奋、能吃苦,宋宝安一直都是家长们口中"别人家的孩子"。1967年初,年幼的宋宝安随家人从深圳市宝安区来到铜仁市石阡县。

靠读书走出大山的宋宝安,在硕士研究生毕业后选择回来。对此,父母欣喜地说:"宝安,你选择回贵州是对的。这里虽然贫穷,但正因如此更能催人奋进。"

"贵州这么落后,能研究出什么东西?"回到母校贵大不久的宋

宋宝安(前排左二)带领学生做科研

宝安，在外省调研时，感受到同行对贵州科技创新能力表现出的深深疑虑。

三十多年的科研生涯硕果累累，宋宝安用实际行动给出了回答。在农药学领域中，宋宝安发出了越来越多的贵州声音，不断彰显着贵州科研的底气和自信。

在贵州大学北校区，有一栋近万平方米的实验室大楼。这便是被宋宝安称之为家的"贵州大学精细化工研究开发中心"。正是在此处，创造了科研领域的多个贵州纪录。

作为农业省份的贵州，省内长期缺乏科研机构的技术支撑。1995年，在学校党委支持下，年仅32岁的宋宝安领命组建贵州大学精细化工研究开发中心。

有条件上，没条件创造条件也必须上。9平方米的实验室，1张办公桌，外加一些简单的玻璃仪器，便是宋宝安等3人所有的家当。经过众人努力，该中心创造了多个贵州省的"第一个"：世界一流建设学科、国家重点学科、教育部创新团队、科技部创新团队、教育部重点实验室、博士点、博士后流动站……宋宝安本人也于2015年被增选为中国工程院院士。

"希望你们学会感恩，学会坚持，学会团结，增强志气、骨气、底气，做顶天立地的科学研究，以实现中华民族伟大复兴为己任，不负韶华、不负梦想。"2021年9月11日，宋宝安为贵州大学2021级全体研究生上了校长第一课。

农药学是一个实践性极强的学科。顶天立地，同样也是宋宝安一直以来的目标。顶天，即在农药学领域做到最前沿；立地，即成果能为老百姓解决难题。

此前，大规模的病虫害威胁着铜仁石阡的苔茶产业。尽管当地已采取多种措施，但效果不佳。正当大家一筹莫展之时，宋宝安带领团队赶到。

一个月的时间里,宋宝安等人走遍了石阡的大小茶园。实地调研后,"绿色医生"宋宝安开出了"药方":引入捕食螨、瓢虫和寄生蜂等天敌,种植具有趋避或诱集活性的花草树木等。不久之后,假眼小绿叶蝉等害虫得到有效控制。

同时,宋宝安还通过"以草治草、控草增肥、替代草甘膦"的方式,提高茶叶品质。当下石阡茶园出产的茶叶,更是达到了欧盟农残质检标准。

围着农民转、带着农民干、帮着农民赚,这些重塑茶园生态系统的集成配套防控技术措施,同样也在湄潭县、都匀市、凤冈县等地得到示范应用。

宋宝安察看茶叶长势

除了贵州，宋宝安的脚步也遍布云南、湖南、江西、福建等全国其他地区的多个省份。

经过至少两千多次小试验、数百次田野样品实验，宋宝安在1994年成功研发出了高效低毒杀菌剂——甲基立枯磷，为国内绿色农药研发做出了重大贡献。

此外，宋宝安还创制出我国第一个仿生合成的环境友好型抗植物病毒剂"毒氟磷"，并在国际上首次发现其激活植物免疫系统的作用机制。

同样，宋宝安也构建了适用于航空植保的配方体系和施药设备，建立了高功效航空施药新技术，其研制的超低容量制剂产品占全国市场的10%。

截至2021年，宋宝安自主研发的环境友好型农药新产品包括甲基立枯磷、恶霉灵、广桔灵、除草净、农露、高敌威、塞霜等，创新工艺技术包括噻嗪酮、毒死蜱、吡虫啉，创制出的新农药包括毒氟磷、香草硫缩病醚和异唑虫嘧啶。此外，还培养出"长江学者"、国家杰出青年科学基金获得者、"万人计划"获得者等国家级人才10人。

奔走在田间地头的蔬菜专家
——记贵州省农业科学院原名誉院长、蔬菜专家李桂莲

李桂莲简介

李桂莲，女，汉族，1942年11月出生，陕西华阴人，中共党员，蔬菜专家，曾任贵州省农业科学院名誉院长。作为贵州蔬菜学科的领军人，她利用贵州的立体气候特点，创新性地提出和发展了贵州冬春早果菜、稻田秋冬果菜、旱地冬果菜、夏秋反季节蔬菜栽培理论和技术体系，创造了巨大的社会经济效益。获"国家有突出贡献的中青年专家""全国劳动模范""全国星火科技先进工作者""全国农村科普工作先进个人标兵""全国脱贫攻坚先进个人""全国优秀共产党员"等荣誉。

李桂莲是著名的蔬菜专家，主要从事蔬菜育种与栽培技术研究及示范推广工作。历经50余年的辛勤耕耘，创新性地建立了具有贵州现代山地特色的高效的蔬菜栽培理论和技术体系，带领团队累计示范

推广各类反季节蔬菜8500多万亩,产量突破2.5亿吨,产值达6000多亿元。因对缓解蔬菜淡季供需矛盾,推动农业产业结构调整,促进农业增效和农民增收做出重大贡献,李桂莲被老百姓誉为"红水河畔的女财神""脱贫致富的引路人"。

二十世纪七十年代末,贵州的蔬菜物资较为匮乏。李桂莲深入罗甸县开展蔬菜研究与示范推广,提出利用低海拔富热地区"天然温室"的气候特点,发展冬春反季节果菜理念,并将这一创新性理念运用到生产中。她在贵州罗甸、关岭、望谟等地进行示范推广,创建了中国南亚热带区域第一个露地冬春果菜基地。她总结出的"早果菜地膜加小拱棚栽培技术"和"改良地膜栽培技术",大幅提早了果蔬上市期,大大提高了早果菜的产值和市场竞争力,实现了贵州早果菜栽培技术的历史性跨越。

1989年,她的技术创新理论与实践被国外权威期刊摘录;1991年,"地膜加小拱棚技术"被国家科委摄制成电视专题片,在26个省(区、市)播出,该项成果还荣获"七五"全国星火科技成果博览会金奖。

李桂莲利用贵州高海拔冷凉地区"天然空调"的气候优势,进行夏秋反季节无公害蔬菜试验获得成功,带领团队筛选出适宜品种420余个,总结出80多个高效种植模式,制定并发布19个反季节蔬菜栽培技术规程,大面积进行白菜、甘蓝、莴笋、萝卜等蔬菜超高产无公害栽培示范推广,达到全国同类研究领先水平,让贵州蔬菜远销海内外。

同时,李桂莲还承担了多个省部级蔬菜研究的重大攻关项目,选育出了一批高产、优质、高效的蔬菜新品种,其中12个品种通过审定并进行了大面积推广种植。她主持的"贵州蔬菜产业发展研究"课题,认真分析国内外市场需求和发展趋势,提出具有针对性的贵州蔬菜产业发展思路与对策,得到贵州省委、省政府和有关部门的高度认

李桂莲（右三）与贵州省巾帼农业科技扶贫专家服务队成员合影

可，为贵州蔬菜产业发展打下了良好的基础。

她还将研究的冬春、春夏、夏秋、秋冬等各种反季节蔬菜栽培技术进行综合集成，率先提出和开展"万元田科技示范工程"和"321蔬菜高效示范工程"。通过采用良种良法配套合理安排茬口，实现每亩产值高达3万元、2万元、1万元的产业升级和效益提升，其核心技术列入当年的《贵州省发展蔬菜产业助推脱贫攻坚三年行动方案（2017—2019）》。

在精准扶贫和农村产业革命中，李桂莲倾注了大量心血。她带领团队帮助贵州省60多个县（市、区）制定蔬菜产业发展规划和实施方案，开展培训和田间技术指导，帮助建立示范性预冷保鲜库和产地批发市场，指导做好无公害、绿色、有机蔬菜产品认证，引导成立蔬菜协会等农民专业合作经济组织，为实现蔬菜产业增质增效、农民脱贫致富做出了重要贡献。

李桂莲十分重视科技人才和乡土人才的培养。她带领的科研团队为贵州省各地蔬菜产业的技术人才队伍建设做出了很大的贡献，培养了一批拔尖的蔬菜专业技术骨干和乡土人才，打造了一批科技"二传手"，用"传帮带"的形式为贵州蔬菜产业发展和技术人才培养打下了坚实的基础。

二十世纪八十年代，李桂莲从中国女排五连冠中受到启发，创新提出"大力培养科技二传手"的理念，并付诸实施，带动上百万人学科学、用科学，使良种良法迅速推广开来。她也成为"全国农村科普工作先进个人标兵"和"国家有突出贡献的中青年专家"。

参加工作至今的近60年里，李桂莲先后获得10多项科技成果奖励，选育并通过审定的蔬菜优良品种达16个，获国家发明专利6个，发表论文70多篇，出版著作5部，光荣当选中共十三大、十四大、十五大、十六大、十七大代表，受到党和国家领导人的亲切接见，被授予"全国先进工作者""全国星火科技先进工作者""全国三八红旗手""贵州省最高科学奖""贵州省特等劳模"等30项荣誉称号。

1996年，贵州省拟提拔她担任更高职务，淡泊名利的她坚决请辞。在退出领导岗位后，一些公司高薪聘请她，均被其婉言谢绝。她获得的荣誉不胜枚举，仍谦虚谨慎，毫无骄矜之色，以平常心做平

李桂莲（左一）现场指导学员

常人。她 2009 年获贵州省最高科学技术奖，2021 年又获"贵州杰出人才奖"，她把获得的奖励经费悉数用于科研和扶贫救济。

李桂莲对党忠诚，心系农民。李桂莲的优秀品质和杰出成就有口皆碑，她是共产党人的楷模，是妇女界的标兵，是农业科技界的一面不褪色的旗帜。她最可贵的是开拓创新精神，她最感人之处是爱岗敬业、艰苦奋斗、无私奉献。她把全部精力奉献到农业科研上，近 80 岁高龄的她，还常年奔波在田间地头。她不改初衷，用自己的辛苦指数兑换群众的幸福指数。

穷医道精髓　献仁术爱心

——记"国医大师"、贵州中医药大学第一附属医院国医堂主任医师刘尚义

刘尚义简介

刘尚义，男，汉族，1942年12月出生，贵州大方人，中共党员，现任贵州中医药大学第一附属医院国医堂主任医师。长期从事医疗教学工作，具有坚实宽广的中医药理论基础，广博的文、史、哲知识。从医五十余年，刘尚义创造性地提出"引疡入瘤""从膜论治"等诊疗思想，将疡科理念大胆运用于肿瘤诊治，取得了良好的临床疗效。他长期致力于中医外疡科理论研究，提出"肤膜同位""肤药治膜"的诊疗理念，并总结出膜痒、膜疮、膜烂出血等病症的诊断治疗规律。获"国医大师""全国中医药杰出贡献奖""贵州省科技进步三等奖""贵州杰出人才奖"等荣誉。

穷医道精髓　献仁术爱心

贵州的"国医大师"刘尚义，在业界德高望重，在坊间家喻户晓。他擅经方活用，擅治疗疑难杂症，治法强调"平衡阴阳，损有余，补不足，内外修治"。他既有儒家的济世情怀，又具佛家的慈悲之心，兼备道家的淡泊自守，有深厚的国学底蕴，并能将传统文化融入医学研究。

在贵州中医药大学（原贵阳中医学院）第一附属医院一间不到10平方米的办公室里，一张桌子、几把椅子、一个书柜，刘尚义端坐其中，面带微笑。他穿着一件黑色外套，脸上虽有皱纹但透露出健康的红润，精神矍铄。

刘尚义年逾七十，仍坚持门诊，一周4次，每年诊治超3万人次。无论刮风下雨，从不懈怠。他声如洪钟，神采奕奕，开朗健谈。面对国医大师的殊荣，他很谦虚地说："大师不敢当，叫我郎中即可。"

精勤学医、从医、执教

1942年，刘尚义出生在贵州省毕节市大方县。在贫瘠的深山里，他度过了18个春秋。孩童时期的他，几乎没有走出过大山看看外面的世界。

1961年，高考彻底改变了刘尚义一生的命运。他考入贵阳医学院中医系，之后转入新成立的贵阳中医学院（现贵州中医药大学）中医系，学习中医理论和现代医学知识。在此之前，他并不了解什么是中医。他说自己特别感谢祖国的培养，是社会主义让他可以上大学，有机会学习中医知识。

在校学习期间，刘尚义有幸得到了黄树曾、李彦师、方以正等医学名家的亲授。数年的院校生活让他全面学习了《黄帝内经》《伤寒论》《金匮要略》等中医经典著作，打下了扎实的理论功底。

刘尚义在刚上大学时，闻知一名老中医治病神奇，心仰而去。他一边在学校上课，一边在课后时间跑到那位医生工作的地方看他看病，充满求知欲地向其请教。

"当时，我就是站在老中医的身后，看他怎么治病开方子，由于老中医不让记方子，我默记胸中，趁着上厕所的时候记下来，晚上回去之后慢慢研究。"刘尚义说，为了记住各种方子，他裤兜里随时揣着一个小方本，边走路边领悟，这个习惯延续至今。

1962年，贵州名医葛氏疡科第七代传人赵韵芬被刘尚义的赤诚之心打动，收他为徒。她将自己祖传的疡科不传之秘、烧丹炼汞之诀、炼制膏药的火候等悉数教授给刘尚义。刘尚义系统学习了疡科疾病的诊治和丸、散、膏、丹等的炼制，故善用丹药、药线治疗疡科疾病。

刘尚义在学习中医的态度上，坚持"抗志以希古人，虚心而师百氏"的理念。他曾潜心于岐黄之术，遍览馆藏群书，学贯古今，上自《内》《难》，下及金、元、明、清诸家和近现代名家之著述，无不尝阅。

刘尚义一贯重视学习西医知识，力求中西医之间的沟通与结合，倡导"中西既济""引西润中"，旨在与时俱进，发展中医。他十分推崇"衷中参西"之先驱张锡纯，精研《医学衷中参西录》，赞其革新精神；与西医同道也有颇多交流合作，共同推进医学发展，提高医疗水平。

大学毕业后，刘尚义在贵州省金沙县石场区医院当了四年的医生。他在那里任劳任怨，背着小药箱，游走于深山之间，为山里的农民解除病痛。

1972年，贵阳中医学院需要人手，当时的学校领导找刘尚义回来，让他从医又执教。1976年到1978年，刘尚义到贵阳中医学院瓮安分院工作，学生大多为当地的农民子弟，家庭环境艰苦，从照顾学生起居饮食、带队体育活动到教授中医知识，刘尚义亲力亲为。所带班级76人，人人不忘刘尚义孜孜不倦的教诲，现在均为当地有学之士。

穷医道精髓　献仁术爱心

后来的数十年间，刘尚义孜孜不倦培养了数以千计的中医人才。

在坚持传统中创新发扬

2005 年，中央电视台《中华医药》栏目"医药名家"版块采访刘尚义时这样说："在中国贵阳，有一位被人们称为传统中医的医生，深受当地人的喜爱。他能够从很多传统的东西中悟出中医的道理来。有很多病人，在刘尚义门诊的时候都会来找他，因为在他们的眼中，找刘尚义看病好得快。"

2011 年元旦，大雪纷飞，刘尚义正与家人团聚时，突然接到电话，一名病人被担架抬到医院，其子女跪在地上，希望刘尚义救他们母亲一命。刘尚义不顾雪大路滑前往诊治，原来是位被诊为格林 – 巴利

刘尚义（左一）询问患者病情

综合征的患者，多方治疗无效后，家人抱着最后一线希望求诊。

"我一定好好研究，尽力救治。"刘尚义一边安慰病患家人，一边俯身诊查，认为此病应遵《黄帝内经》"治痿独取阳明"之法，重用黄芪培补脾气，用玉竹、石斛等养阴生津，并加蜈蚣等活血化瘀，治疗半月后患者情况明显改善，肢体已经能够活动。半年后患者恢复正常，自己到诊室复诊，再未复发。

刘尚义在诊治疾病时常出奇制胜。他认为"在内之膜，如在外之肤"，提出"肤膜同位""肤药治膜"的诊疗理念，并总结出膜痒、膜疮、膜烂出血等病症的诊断治疗规律：膜痒可用蝉衣、僵蚕、羌活等祛风之品止痒；膜疮可用紫花地丁、蒲公英、白花蛇舌草等清热之品消疮；膜烂出血可用白及、地榆、牡蛎等收涩之品止血。刘尚义认为体腔疾患可以想象把内"皮"翻过来，犹如咽、食道、胃、肠、膀胱、子宫等部的黏膜暴露在视野下，其炎症、溃疡等均可按皮肤病、疡科病来辨证施治。

曾有一名青年男性患者因常年饮酒致胃脘疼痛，痛如针刺，酒后吐血，西医诊为胃溃疡，刘尚义按膜烂出血诊治，运用仙方活命饮化裁，药后血止，重用白及托毒生肌，溃疡创面逐渐修复。

一位肝硬化患者出现肝腹水，慕名而来，当时他腹大如鼓，腹部青筋暴露。考虑患者身体虚弱，水不能下得太快，刘尚义采取标本同治的方法，一则以养肝活血为主，扶正益气；二则泻下利水为辅，消症散结，用化症膏加生、熟大黄，使其病情大大缓解。

另有袁姓中年男性患者常年腹泻，每日数次，工作和生活受到严重影响，患者直言深受其苦。多年遍访名医未愈，故慕名来找刘尚义诊治。在四诊合参后，刘尚义以"肾主二便"之理，用大补阴丸合四神丸化裁，十余剂后，顽疾顿愈。患者感叹道："我患了这个病二十年,求治医生三十人,你是第三十一个,终于把我治好了。"

治疗肿瘤有绝招

肿瘤治疗是世界医学界的一大难题,提到肿瘤几乎人人谈虎色变。但是大山里出来的刘尚义有着山里人的坚韧品格,他认准的事情,一定要办成。对于肿瘤治疗,刘尚义费心研究。多年后,刘尚义在这一领域有了独到的治疗方式。他将葛氏疡科对"九子疡"的治疗理念融会贯通,推陈出新,大胆运用于肿瘤诊治,"引疡入瘤",形成了"疡理诊瘤、疡法治瘤、疡药疗瘤"的学术思想,取得了良好的临床疗效。

刘尚义认为肿瘤的病因有虚、痰、瘀、毒、郁,提出"平衡阴阳,损有余,补不足,内外修治"的治疗原则。根据不同的疾病周期,他提出不同的针对治疗措施。比如,在疾病早期时,应"结者散之",以祛邪为主,扶正为辅;疾病中期应"坚者削之",扶正祛邪并重;疾病晚期应扶正为主,祛邪为辅。

对肿瘤治疗,他具有创新性地总结出:手术后未放化疗者,应该注重调补,以扶正固本治疗为主,宜用补脾肾,养气血之品;手术放化疗后"阴虚于内,阳显于外",应益气养阴,滋补肝肾,调和脾胃,以减轻放化疗毒副作用对机体的损伤,达到减毒增效的目的;对无法手术及放化疗者,宜用活血化瘀、软坚散结、扶正固本之品,改善症状,减轻疼痛,提高生存质量,延长生存期。他还强调治疗肿瘤须辨证与辨病相结合,经方应用不要泥古,当变则变。

一名乳腺癌患者术后复发,患处皮肤溃烂成瘘,脓流不止,久不收口,多方治疗无效。最后抱着试一试的态度,找到了刘尚义。刘尚义仔细问诊,看到那位患者的皮肤已经溃烂,癌肿复发破溃,癌肿分泌物向外流出。癌毒外溃，乃邪有出路。刘尚义大胆决定，采用从疡科托里排毒之法，用固垒膏配合透脓散治之，脓尽而口收。最后，刘尚义认为应以益气养阴润燥和清热解毒散结等法修复皮肤黏膜，从而减毒增效。治疗后，那位患者的病情得到明显改善，生存期也延长了。

刘尚义创造性地提出的"引疡入瘤""从膜论治"的诊疗思想，丰富了中医的学术内容。此外，刘尚义还精于膏方，认为膏方不仅是单纯的调养之佳品，更是祛病之良药，倡导"膏方时进，防病抗癌"。他潜心研制的蟾灵膏、固垒膏、龙膏、凤膏、温阳化症膏、化瘀解凝膏、蟾麝胶囊等制剂，施之临床，疗效显著。

药简效宏的好大夫

怎样才能称得上是一名好医生？

"穷医道精髓，献仁术爱心"是刘尚义挂在嘴边的座右铭，他几乎天天都在和患者打交道。即使古稀高龄，仍坚持每周出诊。考虑到他的年龄和身体，医院对他每次出诊均予限号，但慕名而来者络绎不绝，每次门诊均超百人。为不耽误病人就诊，他常常顾不上喝水，加班看病是常事。

为了减轻患者的经济负担，刘尚义尽量少用贵重药物，常用药不超过九味，他开的中药价格虽低，但用药精准，疗效显著。有的病人有时觉得自己病情重，要求下药重一点，刘尚义总是风趣地说："这叫作四两拨千斤，我们今天开七剂，'七（旗）开得胜'怎么样？"只言片语缓解了病人的情绪，更拉近了彼此的距离。

"即使得了绝症，也不要轻言放弃。西医认为不行了，中医说不定可以试一试。"刘尚义说，"生命是宝贵的，哪怕只有一线希望，也要搏一搏。"

刘尚义认为中医经典著作是中医之本、中医之源，学习中医务必研读经典，熟诵熟背，学深学透，方能终身受益。

"拯黎元于仁寿，济羸劣以获安"，这是唐代医家王冰说过的名言。其意思是，让老百姓达到长寿，帮助病人获得安康，是真正高明的大医之心。这也是刘尚义上学时最先学习的一句话。

悠悠数十载，刘尚义一直淡泊名利，躬身自省，他常说的一句话是："用心把病看好。"每当病人痊愈，满怀感激之情时，他甚感欣慰，"传国医之大道，拯苍生于疾厄"之志弥坚。

淡泊名利的杂家

刘尚义有一个爱好，坚持几十年而不改，那就是多方收集程杏轩、王孟英、张聿青等古今名家医案，揣摩领悟，力图在辨证施治上承接古人遗绪。他时常跑到旧书摊去淘宝，寻找旧版本医书。

刘尚义还先后承担了中国医学史、中医各家学说、中医基础理论等课程的教学工作，使其对中医理论体系有了更加深刻的理解和认识。

由于搜集的资料多而杂、全而广，数十年的研习使他对中医有着深刻的感悟，他认为："中医是科学，指导用哲学，表述靠文学，辨证论治有美学，全过程充满社会学。"其著多，其论丰，主编的《南方医话》于临证教义颇深，声名远播。

刘尚义有深厚的国学底蕴，熟读唐诗宋词、元曲杂剧，喜爱篆刻、国画、武术，擅书法，且作品自成一家，浑然大气。他将传统文化融入医学研究，"神会于病、因心而得"，审证把脉间信手拈来。刘尚义常笑谈"始于戒律，精于定慧，证于心源，妙于了悟"的治学理念，他常教导弟子："学习中医，既要精通岐黄，更要博览群书。"

2007年，刘尚义在全国优秀人才研修班上讲述中医与易经、京剧、国画、书法、音乐等国学在哲学思维上的共通性，学员无不佩服。

刘尚义说："我是知足、知不足、不知足。知足是能为病人提供较为满意的服务，病人喜欢我；知不足是还不能完全满足一些疑难病的诊治需求；不知足是还有很多新知识需要学习，还有许多医学难题需要去攻克。"这就是老百姓爱戴、医林口碑极佳的刘尚义。其藏印有"仲景门徒""心血为炉、熔铸古今""超然自得""三指有鬼"，真是印如人生，人生如印。在他身上，既有儒家的济世情怀，又具佛家的慈悲之心，兼备道家的淡泊自守。自撰条幅："医为何物？救死扶伤。德在哪里？菩萨心肠。"在数十年的行医生涯中，他始终超然物外，怡然自得，用一颗平常心来诠释其平静的人生。

2014年，刘尚义获"国医大师"称号，2019年被授予"全国中医药杰出贡献奖"，2021年又获"贵州杰出人才奖"……尽管收获了众多的赞誉，但他却说："不管有没有，我都当不起大师名头。"在他心中，医圣张仲景才是真正的国医大师，"至于我，还是叫郎中吧"。

白衣天使汪四花

——记黔东南苗族侗族自治州台江县人民医院原执行院长汪四花

汪四花简介

汪四花，女，汉族，1962年8月出生，浙江杭州人，中共党员，现任浙江大学医学院附属第二医院（以下简称"浙大二院"）党委委员、工会主席，曾任黔东南苗族侗族自治州台江县人民医院执行院长。

地处贵州省黔东南苗族侗族自治州的台江县拥有17万人口，曾是国家级贫困县。2016年，浙大二院与台江县人民医院结成对口帮扶，台江县人民医院成为浙大二院台江分院。作为组团式帮扶的主要人物，汪四花被委以重任——担任台江分院执行院长。怀揣医务工作者最朴实的情感，汪四花扎根贵州大山五年。制定改进规章制度，提升医疗质量，走村串寨义诊帮扶……她帮助贵州台江县人民医院从曾经的"垫底"医院，蝶变为具有区域性影响力的县级综合医院。荣获"全国脱贫攻坚先进个人""最美医生"等称号。

从青春岁月到不惑之年，人生中最美好的芳华都倾注在热爱的医疗事业里，她就是汪四花，原浙江大学医学院附属第二医院急危重症科护士长。

2016年9月，为响应组织要求，她从千里之外的杭州来到山区台江，担任台江县人民医院院长，主持医院全面工作。

五年来，她以温暖的双手和善良的心灵，为患者祛除痛苦、忧伤，给患者以温暖、信心，成为患者心中最美的白衣天使、干群爱戴的巾帼奋斗者和家人眼中最熟悉的陌生人。

患者心中最美的白衣天使

"汪医生是一个有爱心的白衣天使。"

在台江县，大家都亲切地称汪四花为"白衣天使"，因为她始终站在患者的角度去理解他们，尊重他们，用自己的真诚和爱心一次次赢得病人的信赖。

"到台江后，才发现这里的困难超出了我的想象。"汪四花曾一度想打退堂鼓，但最终她选择留下来——帮患者消除病魔。

2016年以前，台江县人民医院的医护人员数量少、医疗水平落后、管理能力不足。对此，汪四花通过新增和修订《跨科收治病人管理制度》《科主任工作管理制度》等300余项管理制度，完善操作规范、技能标准、工作流程近200项，一步步地将工作向前推进。

与此同时，汪四花还借鉴原单位的管理经验，在台江县人民医院推进"整理、整顿、清扫、清洁、素养、安全和标识"工作，把"患者和服务对象至上"的价值观传递给全院的医务人员。

汪四花还为台江县人民医院制定了五年发展规划：第一年有起色，

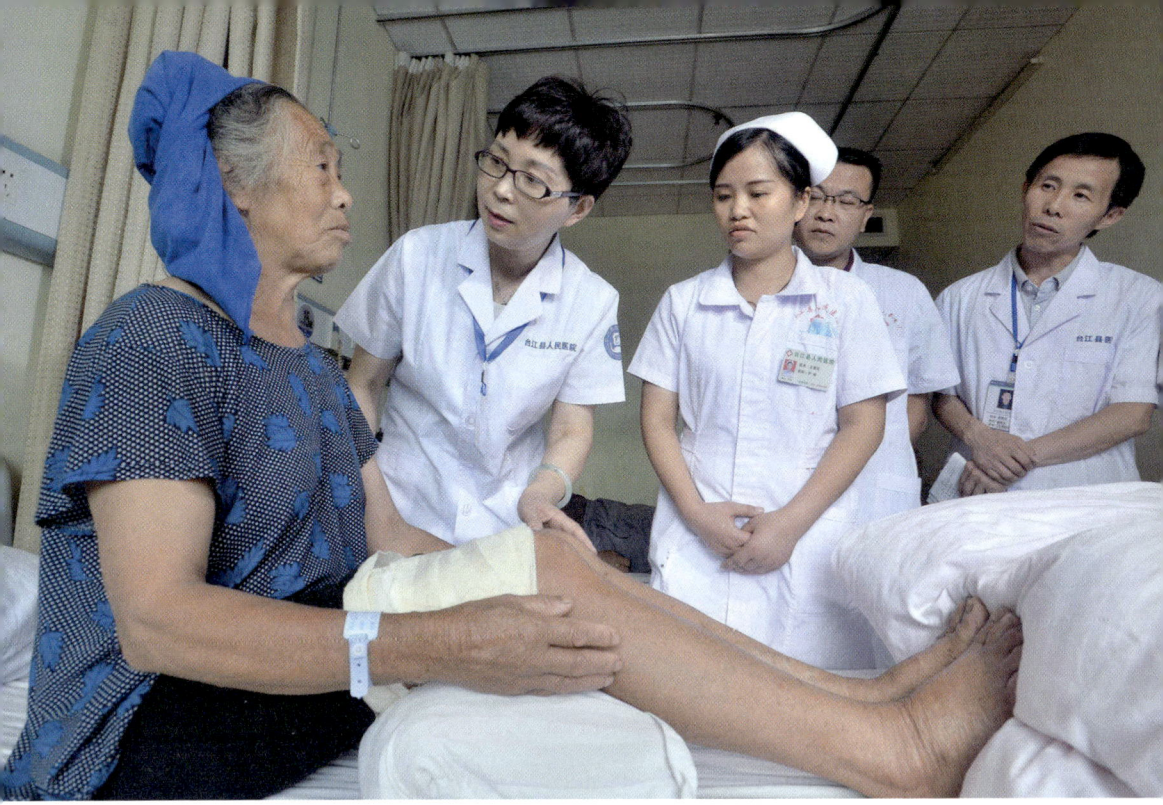

汪四花（左二）询问病人病情

第二年有一定影响力，第三年获明显成效，第四年实现辐射周边地区，第五年建成省内具有一定影响力的二级甲等医院。

五年来，通过设备更新、技术帮扶、人才培养的"组合拳"，台江县人民医院的诊疗水平上了一个台阶。曾经在黔东南州垫底的医院，如今也以先进的理念和高超的医疗技术辐射周边地区了。

"现在，不仅实现了当地老百姓在家门口看病，还带动了周边地区医疗水平的发展。"让汪四花感到欣慰和自豪的是，在接受全国三级医院对口帮扶贫困县县级医院工作专项督导检查时，台江县人民医院获得了第一名的好成绩。

干群爱戴的巾帼奋斗者

"医生这个职业是光荣而崇高的，既然选择了这个职业，就必须全心全意地去为患者服务。"汪四花的话语掷地有声。

作为台江县"组团式"帮扶的核心人物之一,汪四花对患者充满同情,对工作满怀热情,始终以仁爱之心善待每一位患者,用爱心、耐心、细心和责任心赢得了患者的信赖。

"作为一名医生,应时时刻刻心系患者,应不求回报,不求名利,要仁心仁术。"她是这样说的,也是这样做的,用实际行动践行了一个医务工作者不忘初心的诺言。

不畏严寒,不怕苦累,急患者之所急,忧患者之所忧,想患者之所想,这是汪四花的做事风格和坚定信仰。

2016年至2021年,在汪四花的带领下,台江县人民医院规范"120"急救流程、儿科门诊诊治流程、卒中治疗流程、危重患者转运交接流程等,并新建学科及平台18个,开展新技术、新项目共196项。

浙江大学医学院附属第二医院共派遣41批次65名专家到台江县人民医院进行"组团式"帮扶,着力提升医务人员的业务水平和医院的综合服务能力。帮扶专家团队和医院6个骨干科室与台江县6个乡镇的卫生院和卫生室签订帮扶协议,定期进行业务指导、疾病筛查、义诊以及科普宣讲。医院还把服务老百姓纳入科室年度综合目标考核范围。

此外,通过选派184名医务人员学习进修和开展新技术、新项目研发等方式,医院综合服务能力得以大幅提升,切实解决了台江老百姓看病难、看病远、看病贵的问题。

"她是巾帼奋斗者,是我们学习的榜样。"台江县人民医院副院长杨贤如是说。

家人眼中最熟悉的陌生人

夏至，台江县人民医院的院落里繁花盛开，绿草茵茵。诊室外面排了一列长长的队伍，汪四花正在为患者把脉问诊。

"这是当地老百姓对我们的信任。"汪四花说。

五年来，她克服了东西部地区在文化、理念、饮食习惯、语言交流等方面的差异，但心中始终牵挂年逾 90 岁的双亲以及爱人和女儿。可由于岗位的特殊性和责任感的驱使，她几乎很少回家。

"工作中，她是个工作狂，常常顾不上自己，生着病还坚持到病房了解情况。"对汪四花的执着与敬业，女儿感叹道，"她都成为我们家人眼中'最熟悉的陌生人'了。"

面对年迈的父母、生病的丈夫、难得回国的女儿，汪四花很想回去看看，但组织需要，责任使然，她毅然坚守岗位，无怨无悔。她通过为患者解除病痛践行初心与使命，时时刻刻体现着共产党员的真本色。

"说不想家是骗人的，但杭州是我的家，台江也是我的家，这里需要我。"很多时候，当别人跟汪四花聊起"家"这个话题时，总会让她愧疚不已，思念万分。但即便如此，她仍一如既往地全身心投入到医疗帮扶的工作中去。

一分耕耘，一分收获。从医三十多年来，汪四花在平凡的岗位上兢兢业业、任劳任怨、刻苦钻研，用自己的付出和行动，树立了良好的职业形象，得到了患者的赞誉和社会的认可。她荣获了"2018年全国脱贫攻坚贡献奖""贵州省脱贫攻坚优秀共产党员""贵州省援黔医疗卫生对口帮扶工作特别贡献奖""第三届县城医院优秀院长奖""公立医院建设优秀管理者奖""2019年度贵州省三八红旗手""浙江省巾帼建功标兵"等30多项表彰。

一生痴情轧钢梦

——记首钢水城钢铁（集团）有限责任公司钢轧事业部主任工程师、国家级"劳模示范性创新工作室"领衔人杨延

杨延简介

杨延，男，汉族，1968年10月出生，贵州遵义人，中共党员，现任首钢水城钢铁（集团）有限责任公司（以下简称"首钢水钢公司"）钢轧事业部主任工程师、国家级"劳模示范性创新工作室"领衔人。1991年，杨延从华东冶金学院毕业，分配到首钢水钢公司原第二轧钢厂工作。工作之初，看着花重金从国外买来的切分轧制技术在同能耗下可以提升30%以上的产量，杨延既钦佩又不服气。"外国人能做到的，咱中国人一定能做得更好。"此后，杨延一直致力于研发和优化轧钢工艺。几十年来，他和单位同频共振，一路攀登，攻克了一个又一个轧钢工艺的技术难题，缔造了一个又一个自主研发的传奇。获"全国劳动模范""贵州省优秀青年科技工作者"等荣誉。

一生痴情轧钢梦

奋楫争先，学生娃追逐轧钢梦

1991年，杨延从华东冶金学院毕业，分配到首钢水钢公司原第二轧钢厂工作，从此与轧钢工艺结下了不解之缘。

虽然首钢水钢公司原二轧厂从欧洲引进的是二手小型材轧线，但其技术水平在当时的国内仍属领先，并填补了贵州钢铁行业建筑用材的空白。进厂之初，杨延被安排在生产一线的加热炉操作工岗位工作。年少轻狂的他，面对理想与现实的落差，也曾彷徨，也曾迷惘，但他终究选择了一条不甘平庸的道路。那些日子里，凭着对专业的热爱和永不服输的劲头，他用没完没了的"为什么"让老师傅们又爱又怕，他遇到问题时没日没夜地啃书本找答案的举动，令工友们百思不得其解。很快，他便熟练掌握了加热炉的操作技能，成为第一个独立驾驭洋设备的学生娃。

杨延全神贯注地工作

153

然而，洋设备虽好，却时常面临原厂备件短缺，自行加工又没有图纸的窘境。他便主动请缨，从最初"依葫芦画瓢"的测绘和设计工艺备件入手，不断积累和总结，逐渐成为生产线国产化改造的骨干。1998年，杨延同志调任生产技术科技术员岗位工作，为提高工作效率，他大胆放弃传统图板绘图的方式，自学掌握了在电脑上用软件制图的方法，从此，洋设备的国产化改造进入了快车道，他也迈向了追梦的新征程。

敢想敢干，"切分王子"轧出争气钢

在外行人看来，棒材的切分轧制就像一块面皮被瞬间轧成几根面条一样简单，然而，时处二十世纪九十年代初的中国轧钢业，把一根钢坯切分轧制成两根或两根以上成品的切分技术尚属"高科技"，是国外先进企业的核心机密。

世上无难事，只怕有心人。看着花重金从国外买来的切分轧制技术，在同能耗前提下，可以提升30%以上的产量，杨延是既佩服又不服气。"外国人能做得出来，咱中国人为什么不可以？"自此，他就与棒材切分工艺"杠"上了。

2001年初，杨延开启了自主研发二线切分工艺的"攻坚之旅"。为了心中"不想证明自己不行，不想证明中国人不行"的信念，他像个高速旋转的陀螺，白天夜晚连轴转，有时一干就是两三天，最后，他怕回家太晚影响家人休息，干脆把被子搬到了办公室。

从研发到设计，从试轧到工艺改进，经过一年的努力，Φ18mm和Φ20mm圆钢2线切分轧制技术终于研发成功并获得国家专利，当年水钢单线钢材产量提高38%，吨钢综合能源节约15%以上，年直

一生痴情轧钢梦

杨延（右）和同事在高温环境中认真工作

接经济效益达1400万元。

事实证明，"外国人能做到的，咱中国人一定能做得更好。"2001年，杨延先后完成了Φ20mm、Φ22mm两个规格的2线切分工艺设计，每年为企业创造直接经济效益达1000万元以上。同年，他把目标瞄向了更为前沿的4线切分轧制工艺技术，不仅设计出了Φ12mm热轧带肋钢筋4线切分工艺路线和孔型系统，还设计出了最关键的切分工艺件。经过不断优化改进，Φ12mm热轧带肋钢筋4线切分工艺取得圆满成功，填补了国内该工艺自主开发的空白，并赢得了业内"切分王子"的美誉。

紧接着，杨延又向有"轧钢工艺顶峰"之称的5线切分工艺技术和Φ18mm、Φ20mm右旋锚杆2线切分工艺技术发起挑战，并于2018年先后成功实现常态化批量生产。其中，Φ10mm、Φ12mm热轧带肋钢筋5线切分工艺，创造了国内同行率先自主开发棒材5线切分的先河，技术经济指标达到同行先进水平，Φ18mm、Φ20mm右

155

旋锚杆 2 线切分工艺技术，每年可创直接经济效益 400 万元以上，该工艺技术属国内首创。

矢志不渝，誓让钢铁更坚强

2008 年 8 月，中央电视台、《中国冶金报》等媒体报道水钢抗震钢筋研发和营销专题新闻。随后，国内多家报刊、网站给予关注，水钢抗震钢产品横空问世，为我国提高建筑抗震级别提供了技术和产品支持。而这一成果，正是杨延领衔的技术团队和上游铁钢冶炼技术人员的智慧结晶。

三十年的工作经历，是杨延同志敬业奉献的缩影，也是他和他的同事们致力于研发和生产具有高技术含量、高附加值产品的写照。

2008 年，杨延同志对高线品种钢轧制工艺进行优化，解决了 SWRH82B 钢绞线轧制过程中的控冷工艺和产品性能稳定性的难题。产品性能达到国际一流水平，得到用户的一致好评，首钢水钢公司也成为国内知名厂家的战略合作伙伴。

2014 年，他参与完成 Φ14mmKYSWRH82B 工艺设计工作，产品各项指标达到国内同行领先水平，极大增强了首钢水钢公司产品的市场竞争力。

2018 年，他参与贵州省重大专项课题《高性能钢筋产业化及在高墩大跨径桥梁中的应用》和贵州省工业和信息化发展专项资金支持的《高强度矿山用钢的研究与开发》项目，较好地完成其承担的工艺方案制定、工艺设计、现场技术指导等工作，项目通过贵州省组织的专家组验收。同年，他完成了 Φ18mm、Φ20mm、Φ22mm、Φ25mm 热轧带肋钢筋 2 线切分工艺路线的优化，使 4 个规格的生产工艺由 4

一生痴情轧钢梦

杨延（中）和同事交流工作经验

套孔型系统简化为 2 套孔型系统，减少了每个规格 7 对轧辊储备量和轧辊车削量，降低了规格改换的工艺作业时间和一线作业劳动强度，每年可创直接经济效益 300 万元以上。该工艺技术为行业首创。

近年来，杨延同志在承担本单位技术研发工作的同时，肩负起培养技术后备人才的重任，他利用其领衔的国家级"劳模示范性创新工作室"平台，广泛吸纳一线职工加入创新团队，参与技术进步、"小改小革"等活动，让他们在实践中不断磨砺成长，不断夯实推动水钢高质量发展的人才基础。该工作室先后培养出 3 名高级工程师、4 名工程师、4 名高级技师、7 名技师，还有 6 名优秀的同志被选拔到公司管理部门和事业部作业区管理岗位工作。

杨延同志以共产党员的初心，始终践行着为国争光，为企业谋利的使命担当，成全了自己的轧钢梦想，也捍卫了首钢水钢公司在国内轧钢行业的技术领先地位。在杨延同志敬业奉献的示范引领下，首钢水钢公司攻克了一个又一个轧钢工艺技术难题，缔造了一个又一个自主研发的传奇。

匠心传承　三十四年坚守一线

——记贵州航天天马机电科技有限公司材料成型部焊接班一班班长、贵州省国防工业最美军工人姜涛

姜涛简介

姜涛，男，汉族，1969年9月出生，黑龙江汤原人，中共党员，现任贵州航天天马机电科技有限公司材料成型部焊接班一班班长、特级技师。姜涛从业以来，传承老"三线"的艰苦奋斗精神，潜心钻研焊接技术，先后参与"长征"系列火箭焊接等众多国家级工程，为我国航天事业的发展做出了突出贡献。航天发射"一箭二十星"、国家多个重大型号装备的研制……在姜涛从业的三十余年中，一个又一个的大型焊接项目写进了他的"荣誉册"。获"国家级技能大师""全国五一劳动奖章""贵州省国防工业最美军工人"等荣誉。

匠心长存　三十四年坚守一线

一套厚厚的棉质工作服，一双老式大头皮鞋，一个几乎只能露出眼睛的大面罩，以及一把不离手的焊枪，成为姜涛在工作时的标配。从一名普通的电焊工到成为国家级技能大师，这套装备足足陪了姜涛三十四年。那是奋斗的三十四年，也是坚守的三十四年。

1987年，17岁的姜涛进入航天军工企业，初进工厂时，姜涛的师傅只带了他不到两个月便回上海了，为让自己的手握焊接达到一定的稳定性，他将双手绑上沙袋，每天做六个小时的焊接钢材训练，常常累得满头大汗。功夫不负有心人，经过七个月的苦练，他取得了常人需要花两年时间才能取得的压力容器焊接合格证。三十四年来，秉承"国家利益高于一切"的价值观，他不断学习，不断挑战自己，原本只有初中文凭的他，获得"中华技能大奖""全国技术能手"等荣誉。在他看来，不论任何工作、任何职业，只要在工作中追求一种极致的

青年时期的姜涛练习焊接钢材

精细，把心沉下来，像苦行僧一样修行，自然会成为最优秀的"工匠"。

不断试错　征途漫漫变中求新

在团队中，姜涛主要从事航天产品的焊接工作，需要将几十甚至上百个零件焊接成大部件。三十多年来，姜涛从一名普通的电焊工成长为国家级技能大师，克服了数以百计的焊接难题。其中，铝合金焊接属于特种工艺，铝合金导热快、易氧化、熔点低，焊接过程容易产生焊接裂纹，这是铝合金焊接的主要难点。当时在国内能够承接铝合金焊接的企业非常少，而姜涛和他的班组主攻的就是铝合金焊接。"铝合金焊接的熔池没有明显颜色变化，很容易被烧穿，我们会用手一点点去感受，去控制温度，通过不断试验、训练，最终达到成功。"姜涛说。

2015年9月，长征六号点火升空，成功将20颗卫星送上太空，创造了中国航天"一箭多星"的记录。但很多人不知道，长征六号的翻转起竖发射系统是贵州制造，而这套系统从零件到主体焊接，正是出自姜涛和他的团队。

"成功总是从千百次失败中得来，技术创新靠的是不断试错、不断坚持，只有这样，才能体会其中的乐趣，"姜涛笑着说，"这就是我们的工作'诀窍'"。

授业解惑　匠心传承永不懈怠

从航天发射"一箭二十星"到国家多个重大型号装备研制……

姜涛用手中的焊枪一次次地攻破了国内的技术难关，成为一位名副其实的"大国工匠"。"国家级技能大师""全国技术能手""航天技能大奖"……一项项荣誉接踵而来，彰显着姜涛作为"大国工匠"的真正实力。

焊接时的火花是绚丽而短暂的，但姜涛却要将这份短暂无限延长。人力资源和社会保障部在2013年以姜涛的名字命名，成立了"姜涛国家级技能大师工作室"，一直以来，姜涛带领工作室通过技能培训、比赛等方式，为焊接事业先后培养出200多名优秀人才，帮助许多年轻人成长为新一代的技能大师，投身祖国的航天事业。2019年10月，位于贵州航天天马机电科技有限公司内的"新时代工匠学院"挂牌成立，作为轻合金特种焊接专委会主任的姜涛，与来自全国各地的50

姜涛（左）指导青年员工

余位专委会专家委员一同，通过开设线上理论课程和线下实操课程等形式，不断加大人才的培养力度和梯队层级建设力度，激励越来越多的青年一代走上技能报国之路。"干我们这种技术活的，很多人都不愿将手艺外传，姜师傅担心的却是自己的技术不能更好地传承下去。"跟了他十三年的徒弟张锦鹏谈到师傅时这样说，"他是一个严谨、认真的人，对待徒弟们特别严格，但也毫无保留。师傅常说他只想当个好工人，但在我们眼里，他是真正的大师。"此外，姜涛还总结从业经验，编写了《手工电弧焊培训教材》，供航天科工系统的工人学习。

作为一名航天人，姜涛时常到学校开展宣讲，讲述祖国航天事业的发展历程和取得的辉煌成就，以及他自身的成长历程和工作经历，引导学生从小热爱航天事业，激励他们更加努力学习，将来为祖国的航天事业发展贡献力量。

"我的下一个目标：为企业培养更多的高技能人才，为国家培养更多的'大国工匠'。"姜涛说。

履职尽责　建言献策一片丹心

2018年3月，姜涛第一次走进人民大会堂，参加了第十三届全国人民代表大会第一次会议。除了兴奋和激动，他感到身上肩负着更多的责任和期盼。作为一名电焊工人，姜涛主要关注与工业领域有关的问题，中国正从制造大国向制造强国发展，建设高素质产业工人队伍，打造更多的"大国工匠"是当务之急。

2020年在广东省举行的中华人民共和国第一届职业技能大赛，贵州参赛代表团没有取得好成绩，这让姜涛十分揪心。"各种工种的选手去了50多个，但是总体的成绩都不是很好，而广东省在五十几个项目里拿了将近二十块金牌。"为此，姜涛一有时间便到车间和企业开展调研，他发现贵州 80% 以上的企业对技能人才的聘用需求没有得到满足，95% 的企业认为新员工的职业素养还有待提升，而技能人才不足的根源在教育。

2021 年的全国两会，姜涛提交了《关于加大对西部技工院校扶持力度的建议》《关于做好"三线建设"文化保护的建议》，在这两份 3000 多字的建议中，他把问题分析得很深入，文章的架构也很清晰。作为电焊工人，他平时很少提笔写东西，当选代表后，如何更好地履职，对他来说是个挑战。每到全国两会，他就异常忙碌，除了开会还要挤出时间接受记者采访，私下里不善言辞的他为了能履好职，努力向其他代表学习如何做调研，写建议，无数次地修改稿件，只因承载着群众沉甸甸的嘱托，怀揣着献计发展的一片丹心。

令他欣慰的是，他的努力有了回音。他提出的提高技术工人待遇、加大装备制造业高技能人才培养力度的建议得到了国家人社部门的回复，党中央、国务院先后印发《新时期产业工人队伍建设改革方案》《关于提高技术工人待遇的意见》和《关于推行终身职业技能培训制度的意见》等系列文件。

姜涛说："我希望国家能完善相关的体制、机制以及薪酬待遇，给予一线工人更多的关注、保障及尊重，提升工人的自豪感，让我们更好地传承工匠精神。"

四、第一书记

十年驻村情　一生海嘎人

——记六盘水市钟山区政协党组成员、副主席，大湾镇海嘎村原第一书记杨波

杨波简介

杨波，男，苗族，1982年1月出生，贵州六枝人，中共党员，现任贵州省六盘水市钟山区政协党组成员、副主席，共青团贵州省委副书记（兼），曾是钟山区大湾镇海嘎村第一书记。他十余年如一日扎根基层，为群众办实事，解难题。为海嘎村争取项目资金400余万元，实施四级提水、林下养鸡、公路建设、村寨提级改造等项目。制定村级规划，建立"小康台账"，成立合作社2个，培训农民1000余人次。2019年，海嘎村人均纯收入由2010年的1600元增加到9320元，实现贫困人口清零。获"人民满意的公务员""全国脱贫攻坚先进个人"等称号。

十年驻村情　一生海嘎人

杨波（右四）与群众其乐融融

驻村对杨波来说，是一件平凡的事。他已经在地处贵州海拔最高峰的海嘎村驻村十余年了，每天进村入户，找资金，跑项目，海嘎村的路，他闭着眼睛都能找到。

驻村对杨波来说，也是一件不平凡的事。连续五届的驻村工作改变了他太多，从对群众的感情到工作的方法，他多了许多朋友、亲人，甚至多了一个故乡。

倾注精力办实事　称呼从"支书"变"兄弟"

2010年，28岁的杨波主动报名，到贵州地势最高村——六盘水市钟山区大湾镇海嘎村驻村。这个有着354户人家1787人口的彝族小山村，条件十分落后。1998年才通路通电，村民住茅草屋，吃"望天水"，2010 年的人均收入仅有 1600 元。

没有路，没有网，没有手机信号，面对艰苦的驻村条件，杨波立下了"海嘎一天不脱贫，我就一天不下山"的誓言。

饮水问题一直是海嘎村村民心中的痛，高海拔、少降水，每年 11 月到次年 5 月的枯水期里，不要说生产灌溉用水，就连人畜饮水都是靠各家各户从几公里外的水井一桶一桶地拖回来的。

杨波看在眼里，急在心里。为了村里用水的事，他跑到"娘家"钟山区民宗局，争取项目资金 5 万元补助村民修建了 30 余口水窖。另外，杨波还协调到水利部门的支持，针对海嘎海拔高、梯度大的情况，采取了"四级提水"的办法，从海拔 1700 米的大湾水厂提水上山至海拔 2500 米的海嘎，项目共投资 820 万元。

为了进一步改善村里的基础设施，杨波四处协调争取，帮助村里前后安装了 267 盏太阳能路灯，完成 315 户村民的"四在农家"改造，把通组路、串户路全部建成，还与移动公司沟通解决了移动信号的覆盖问题……随着一件件实事的落成，杨波也从村民口中的"杨书记"变成了"杨兄弟"。

发展产业领民富　村民从贫穷到小康

"来的时候说的誓言还没实现，我绝不能走！"放心不下海嘎村发展的杨波在 2013 年下派第二批驻村干部时，又主动向单位申请继续留下。

"偏远乡村，条件艰苦，一般人干一届基本就不会再来了，只有真心想带领老百姓脱贫的干部才会这么'傻'。"当时的村委会主任杨金成感慨地说。

杨波就是这么"傻"。他认定了,要带领村民脱贫致富,还是要走基础设施建设和产业发展的路子。

他一方面向有经验的农户、专家请教,另一方面向各个部门咨询。经过多方求证后,针对海嘎海拔高、日照强的特点,杨波决定引导村民种植脱毒洋芋、苦荞、中药材、大球盖菇等。

为做大产业规模,他与驻村队员四处协调,协助镇里申请注册了"黔之脊"绿色食品商标,从6家单位共争取到200余万元,建了9个种植养殖基地,成立了海嘎四季青种植农民合作社和海嘎养殖合作社。合作社陆续把韭菜坪高山上特有的产品做起来,卖出了大山,将"土疙瘩"变成了"金元宝"。

底子好的村民富起来了,为了让贫困户也跟上小康的步伐,工作组结合全市"三变"改革,争取扶贫资金30万元引进养蜂项目,做强品牌"韭菜蜜",由合作社经营,村民用现有蜜蜂及劳动力入股。引进50万元养猪项目,重点扶持56户贫困户发展养殖业。按照"三变+金融+扶贫"模式,运用区里精准扶贫"扶贫贷"政策对45户152名贫困户进行全覆盖,引导贫困户参与城市停车场经营,通过常年持续的收益,人均每年可增收5000元,保障贫困户获取稳定收益。通过各种项目的落地实施,海嘎村逐步建成了"人人有股份,户户有产业"的扶贫格局。

通过近十年的努力,海嘎村人均纯收入由2010年的1600元增长到了2019年的9320元,翻了5倍多,300户1325名贫困群众全部实现脱贫。

现在的海嘎,家家户户住上了宽敞明亮的楼房,门口的面包车、小汽车越来越多,和十年前的茅草屋、泥巴路相比,早已是旧貌换新颜。

抢抓机遇搞旅游　村貌从农村变景区

2014年12月，杨波的父亲离世，因为海嘎通讯不畅，杨波没有赶上见父亲最后一面。听闻消息，海嘎村20多位村民代表奔波近200公里，自发赶去伴着杨波送父亲最后一程。父亲的去世是杨波永远的痛，但想到海嘎的特色民族村落建设、民族民间文化挖掘、精准脱贫等事宜，杨波第三次背着行李，又回到了海嘎。

这一次，杨波对海嘎的发展有了更清晰的方向。海嘎作为一个以彝族居民为主的村落，民族文化氛围浓郁，又恰逢韭菜坪景区开发建设的大好时机，杨波明白，只有发展乡村旅游才能让海嘎发展起来。

为传承好本地民族文化，杨波多方奔走，协调少数民族发展资金和一事一议资金近300万元，为村里建起了3000平方米的文化广场。他还组织30个能歌善舞的彝族少年成立了海嘎民族文艺表演队，丰富群众生活，弘扬民族文化，增强民族自信，发展旅游产业。

好的环境不仅造福村民，也是吸引游客的资本。借助区里推动村寨"10+N"提级改造的契机，杨波积极动员村民将房屋改建为具有彝族特色的农家旅馆，引导村民拿出部分房间作为农家客栈，交由区旅游公司统一经营。公司则定期向村民分红，实现"农家变旅馆，农民变导游"。

2017年4月，杨波第四次选择驻村，为海嘎村争取资金196万元。这次作为海腊箐联村党委书记，杨波为大箐村争取项目资金135万元，为腊寨村争取项目资金20万元。

驻村十余年，杨波说，驻村工作苦，最苦的是村民不接受你时的挫折感，是冬天项目建设时，海嘎山上三双袜子都扛不住的寒风，是对家人的思念和对缺席孩子成长的遗憾，是对妻子一人照顾一家老小的歉疚。

　　身为人子、人父的他对家庭有愧疚，但对事业无悔。共产党员、第一书记，面对这两个金子一样闪光的词汇，杨波说："驻村没有完成时，帮扶永远在路上。"

大山里的"带货书记"
——记遵义市湄潭县人民医院团委副书记、抄乐镇沙塘村第一书记杜富佳

杜富佳简介

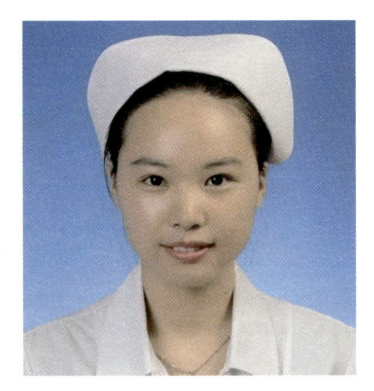

杜富佳,女,汉族,1993年10月出生,贵州湄潭人,中共党员,现任贵州省遵义市湄潭县人民医院团委副书记、抄乐镇沙塘村第一书记。2020年1月27日,湄潭县人民医院发出加入抗击新型冠状病毒感染肺炎的倡议书,杜富佳知道后第一时间报名申请参加。通过两次向单位递交援鄂"请战书",2020年2月21日,杜富佳作为贵州省第八批援鄂医疗队队员前往武汉支援。如今,她又奔赴乡村振兴第一线,成为驻村第一书记。作为一名生在农村、长在农村的基层党员,杜富佳对农民始终有一种难以割舍的情怀,对农村始终有一种无比特殊的感情,时刻牢记第一书记作为乡村振兴"领头雁"的光荣使命,从细处着眼,从小处着手,从实处落实,通过抓

班子、带队伍、兴产业、促发展，她用实际行动践行了作为第一书记的光荣使命。获"贵州省道德模范""全国抗击新冠肺炎疫情先进个人"等荣誉。

作为扫雷英雄、"八一勋章"获得者杜富国的妹妹，"90后"杜富佳经常被称作"英雄妹妹"。新冠肺炎疫情暴发时，她学习哥哥的"你退后，让我来"精神，主动请缨奔向武汉抗疫战场；如今，她又奔赴乡村振兴第一线，成为驻村第一书记。

大山里的"带货书记"

"咱们直播间又添新品了，来，看过来……"

"昨天我们带领35名（遵义）医科大学的同学去工厂参观了茶叶制作工艺，今天来到基地，体验一下我们茶农采摘的辛苦……"

杜富佳在直播间宣传产品

一大早,贵州遵义市湄潭县抄乐镇沙塘村第一书记杜富佳已来到抖音直播间,忙着直播带货。

从一名护士"变身"为"乡村推荐官"的杜富佳,面对镜头侃侃而谈,毫不怯场,颇有应对经验。

2021年5月,湄潭县人民医院选派青年党员到抄乐镇沙塘村担任第一书记,征求杜富佳的意愿。"我是农村出来的,想为农村发展出份力。"杜富佳欣然接受了任务。

沙塘村是湄潭县的偏远山村,地少、山多,村民分散而居。杜富佳给自己定了任务:每天走访几户村民,熟悉村民的产业发展,了解他们的近况。

一个月下来,杜富佳走完了6个村民组。

"在村里工作,处处是门道。"杜富佳说,"比如开群众会,怎么说,通过什么方式才能让群众接受;调解矛盾,要看这家和谁走得近,谁说话管用;说话要注意方式,不摆架子。"

湄潭是产茶大县,"湄潭翠芽""遵义红"等品牌享誉全国。沙塘

杜富佳在沙塘村茶园拍摄宣传素材

村村民也有种植茶叶的传统，大大小小的茶园面积加起来达5000亩。

但沙塘村的茶产业发展也面临尴尬：由于位置偏远，一些茶叶收购商经常趁机压价，百姓辛辛苦苦种出来的好茶难以卖上好价。

"怎样发挥沙塘村优势，提升技术，帮助老百姓把茶叶卖个好价钱？"杜富佳一直琢磨着。

2021年下半年，她偶然得知几位返乡创业青年想要投身茶产业发展。经过多次见面商谈，她最终说服他们同沙塘村股份经济合作社共同成立公司，以"公司＋合作社＋农户"的合作模式，共同打造千亩高标准生态茶叶基地，发展茶叶加工厂，并注册了商标，发展品牌茶叶，帮助村里的茶产品实现市场溢价。

杜富佳从2018年开始接触抖音，驻村后，她将自己的账号名称改为"杜富佳（驻村第一书记）"，个人简介是"记录驻村日常，分享家乡美景，宣传湄潭'四有好茶'"。"一开始我就想好了直播带货，把好产品卖出大山。"杜富佳说。

一张桌子、两台电脑、几个灯、一块广告板，还有一名主播搭档……2022年3月，杜富佳和她的团队开始在简易的直播间出镜带货。

为了搞好直播带货，杜富佳做了不少功课：她多次去县里的茶叶博物馆向专家学习茶叶知识、泡茶技巧；为了让出镜形象更好，她学会了化淡妆；普通话说得不好，她就反复练习……

从生疏胆怯，到坦然自信，杜富佳已出镜直播带货70余次。"白天要忙村里的事，下班后赶到县城直播间，有时需要直播3个多小时，结束后还要盘点，忙完已经深夜。"

"最多一场带了2万元的货。"让杜富佳高兴的是，努力没有白费。"我们一边线上带货，一边线下推广，到今年7月，村里茶叶实现了近100万元的销售收入。"

"武汉就是我的前线。"

2020年初，新冠肺炎疫情暴发，武汉医疗资源告急。同年1月底，贵州湄潭县人民医院发出抗击新冠肺炎疫情的倡议，杜富佳主动请缨，先后两次递交"请战书"恳请上"前线"。

她说："雷场是哥哥的战场，武汉就是我的前线。"医院领导同意了她的请求。同年2月21日，杜富佳作为贵州省第八批援鄂医疗队队员，随队来到武汉大学人民医院东院的第八病区，开始了她的抗疫之路。

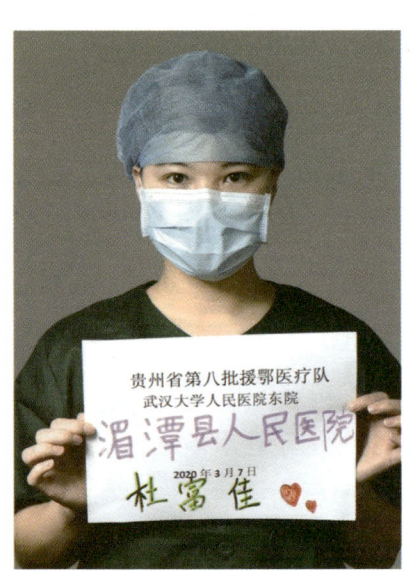

杜富佳参加贵州省第八批援鄂医疗队

那段时间，杜富佳每天早上6点起床，坐1个小时班车，7点半以前到医院。在进入隔离病房前，要换上3层防护服。病房里有44张床位，最多时她需要同时照顾30多名患者，其中包括部分重症患者。杜富佳每天给患者抽血、采集咽拭子标本、打针、送药，帮助患者进行康复锻炼。

2020年4月8日，杜富佳和同事们从武汉返程，酒店、社区、机场，人们一路欢送。最让她感动的是，一些患者出院后还经常打电话给她。2020年9月8日，在全国抗击新冠肺炎疫情表彰大会上，杜富佳荣获"全国抗击新冠肺炎疫情先进个人"称号。

"哥哥的毅力和坚韧一直鼓励着我们。"

走路、跑步、穿衣、吃饭，这些正常人习以为常的生活，对于在爆炸中失去双手和双眼的杜富国却难于上青天。经过陆军军医大学西南医院三年多的治疗，在许多人的关心帮助下，杜富国以顽强毅力在逆境中"重生"，顺利康复出院，重返战位。

让杜富佳感到宽慰的是，哥哥不仅身体状况在慢慢恢复，还重新找到了自己的生活价值和方向：2022年7月，杜富国从贵州大学成人高等教育行政管理专业毕业，领取了毕业证书。他爱好播音，计划返回部队后继续学习。

杜富佳说："当时哥哥受伤，我感觉天塌了。现在他不仅身体逐渐恢复了，还实现了大学梦，他的毅力和坚韧一直鼓励着我们。"

杜富国四兄妹从小生长的湄潭县是红色沃土，抗战期间，浙江大学西迁湄潭办学七年。杜富国家门口是红军长征中走过的路，他就读的皂角小学，曾经是收养革命烈士子女和遗孤的保育院。

父亲杜俊从小就对孩子们讲"军人光荣"，三个儿子长大后都报名参军。杜俊为四个孩子取名"富国、富佳、富民、富强"，希望他们成为对社会有用的人。虽然家境贫寒，但一家人体谅忍让、和和睦睦，兄弟姐妹从没红过脸。

杜俊和妻子一直认为："孩子们的人生自己做主，有些事情总要有人去做，只要他们的选择是对的，就应该支持。"

杜富佳的弟弟杜富民是湄潭县家礼医院ICU（重症监护治疗病房）的医生。2020年疫情暴发后，当年仅25岁的杜富民也写下"请战书"，要求奔赴湖北一线。但考虑到他工作才一年多，实战经验不够，院领导驳回了他的申请。"虽然没能到抗疫一线，我也要以哥哥为榜样，在自己的工作中做到守土有责，照顾好病人。"杜富民说。

而远在海拔 5000 多米西藏边防线上的小弟弟杜富强，已经驻守边疆七载。在常年寒风呼啸、白雪皑皑的边疆，杜富强和战友们的一次巡逻最多要走上五天四夜，而且每次都要背着几十斤的背包。在杜富佳眼里，这个从小在自己背上的弟弟，在不经意间长大了。

"在雷场上，哥哥面对危险对战友喊'你退后，让我来'。"杜富佳觉得，这句话自己会记一辈子。

在驻村工作中，杜富佳同样遭遇过困难和挫折。直播带货时，最少的一场只卖了几百元，她会郁闷；到了茶叶采收季节，天气遇冷，老百姓种的茶叶迟迟不出芽，她更会发愁……

这些时候，杜富佳会常常不自觉地找哥哥倾诉。电话那边，杜富国总是耐心鼓励："不要着急，再坚持坚持，相信自己。"

从一名普通护士到抗疫一线，再到驻村干部，成长历练中，杜富佳从一名稚嫩的青年逐渐成熟。"除了生死，一切都是小事。用平和的心态面对困难和挑战，并想办法克服。"

杜富佳说："作为一名驻村干部，我希望家乡的父老乡亲通过产业发展过上好日子，我更希望在有限的年华中，去踏实、勇敢地奉献自己的青春。"

永不归来的"战士"

——记铜仁市沿河土家族自治县经开区管委会企业服务中心原工作员、中寨镇大坪村原第一书记文伟红

文伟红简介

文伟红，男，土家族，1974年9月出生，2019年7月逝世，贵州沿河人，中共党员，生前系贵州省铜仁市沿河土家族自治县经开区管委会企业服务中心工作员、中寨镇大坪村第一书记。2013年到2019年，他先后在沿河土家族自治县淇滩镇和平村、彭华村，团结街道麝香村等地驻村帮扶，他驻点帮扶的5个贫困村最终全部顺利脱贫。2019年7月22日下午6时许，文伟红在村办公室处理完事务后，去大坪村民组查看烤烟产业时，意外触电身亡，牺牲在脱贫攻坚一线岗位上，年仅45岁。获"全国脱贫攻坚先进个人""第七届贵州省道德模范"等称号。

文伟红儿时的梦想是当中国人民解放军。后来，他把梦想融入

了一场特殊的战役——脱贫攻坚战。

连续多年,文伟红驻点帮扶了 5 个贫困村。脱贫一个,即奔赴下一个,他像战士一样冲锋在最前线。

2019 年 10 月,锯齿山下的大坪村,驻村第一书记文伟红在查看扶贫产业时不幸触电,生命定格在 45 岁。

贵州省铜仁市沿河土家族自治县,曾是贵州 14 个深度贫困县之一。2013 年,沿河经开区管委会干部文伟红开始了他的驻村生涯,乌江岸边,武陵山深处,他在 5 个贫困村留下了冲锋的身影。

翻开文伟红的驻村日记,"战士"的烙印不时可见,他写道:"当

文伟红(右三)生前开展驻村走访工作

好落实政策的战斗员","发挥脱贫攻坚突击兵作用"。在给父母的信中,他写道:"我已做好了充分的战斗准备……"

在这场脱贫攻坚战中,土家族汉子文伟红把自己当成是攻城拔寨的"战士"。每到一个贫困村,他都瞄准最难啃的硬骨头、最难解决的矛盾问题。

2016年3月,麝香这个贫困村规划发展蜜橘产业。产业刚一起步,土地流转就成了"拦路虎",村里矛盾纠纷不断。文伟红任驻村第一书记后,通过入户调查、开群众会等方式,把村民想法统一起来,立马启动土地流转。

背着包,装着笔记本,穿着水胶鞋,挨家挨户地跑——提起文伟红的工作情景,许多村民记忆犹新。一位60多岁的村民因为土地纠纷多次上访,文伟红三天两头上门做工作,有时一聊就是大半天,他还到多个部门查阅资料,终于把村民反映的问题处理妥当。

中寨镇大坪村曾是沿河县偏远的深度贫困村之一,周围群山连绵起伏,高处放眼望去好似锯齿一般,当地人称为"锯齿山"。大坪村距离县城不到110公里,但驾车需3个小时。2014年,全村有372户1552人,其中建档立卡贫困户180户887人,贫困发生率高达57.15%。2018年底,贫困发生率仍高达22.29%。

这是文伟红帮扶的第5个村。2018年3月担任驻村第一书记以来,文伟红下大力气发展扶贫产业。

烤烟种植在当地历史悠久,但近年来外出务工人员增多,愿意种烤烟的村民越来越少。2019年初,文伟红从遵义市余庆县引入一种植大户,打算发展40亩烤烟。没想到的是,村里将土地流转办妥后,对方却认为生产成本过高,最终放弃合作。

这副担子怎么挑起来?文伟红想起了妻子黎正芬。她在县城的一家企业上班,早年在老家种植过烤烟。

"我在公司上班一个月4000多元,他说现在种烤烟保证赚钱,'连哄带骗'把我叫到山上来。"黎正芬说,人工费、肥料费、煤炭费,大半年来家里垫出去的钱达到了11万元。

9月烟叶卖完,收益10.1万元,不仅没有赚钱,还亏了钱。当时的村支书高腾科道出了其中的真情:"文伟红私下给我说,搞这40亩烤烟,眼下赚不赚钱无所谓,村民有务工收入就好。"

"我觉得他对事业太忠诚了,对党太忠诚了。"黎正芬说,至今不相信他离开了,我现在只认为他还在大坪村没回来。他说过他把工作做完了,两年过后就会回来的。

在沿河县,干部和群众的口中有两个截然不同的文伟红。干部说文伟红"内向、话不多","他到乡里来,通常都是几句话说完工作就走,不多停一分钟"。群众则说他"性格开朗,喜欢聊天,一摆龙门阵就是大半天"。

走到群众身边,文伟红才如鱼得水。

一方水土难养活一方人,易地扶贫搬迁是大坪村的另一条出路。精准识别搬迁户,动员村民搬迁是文伟红要处理的大难题。全村1500多人,常年留在村子里的不足200人,100多户村民举家外出在遵义市湄潭县和湖北省当阳市务工,有的甚至在当地安了家。面都见不到,易地扶贫搬迁工作难以开展。

为了摸清情况,宣传政策,文伟红带队前往湄潭和当阳。在湄潭,文伟红找了一间会议室给村民宣讲政策,他要付租金,对方说这种精神太难得,一分钱没收;去当阳,早上八九点从村里出发,晚上十点到,跑了730多公里的路,文伟红用三天两晚,核对清楚有12户符合易地扶贫搬迁的条件。

"刚开始我不愿意搬,但是文书记专门从老家过来讲政策,让全家人都很感动,最后我家同意签字搬迁。"在当阳务工的村民徐金霞说。

永不归来的"战士"

七八月正值烟叶烘烤的时节,文伟红常常穿着水鞋在烤烟地里帮忙。他将烟叶送入烤房时,汗水湿透了蓝色上衣,腿上到处是稀泥。

戴着草帽,早出晚归,村头村尾都有他的身影。"文书记你自找的,自己造孽哟!"70岁的土家族老人田春梅心疼他。文伟红听了笑着说:"我年轻,吃得了苦。"

就在牺牲前几天,文伟红和大坪村村主任覃彪商量,尽快找人对蜜蜂管理人员进行培训,200桶蜜蜂是村里的扶贫产业,只要通过帮扶单位验收,30万元的帮扶资金就可以立马到位。

他的心都用在群众身上。"见人就是一脸笑,开口就是'伯伯''伯娘',哪里像书记嘛?"村民高腾仁说,赶集时只要文书记的私家车里有位置,村民都可以搭他的便车。牺牲当天,他还用车载了多名村民下地干活。

"他就是基层干部的榜样,不仅走到群众身边,关键是走进百姓心间。"同事这样评价"战友"。

"爸妈,我向你们保证,等这场战斗结束……"

"我的乖,哪个舍得哟!"田春梅从邻居口中得知文伟红去世的消息,感到"突然一下子,全身肉都散了"。

在沿河一带的土家人方言中,尊老爱幼、实干有为的年轻人,才配得上长辈称呼一声"乖"。

文伟红在去世当天,他把81岁的村民张信龙申办高龄补贴的材料整理完毕,正准备抽时间到镇上办理。张信龙听说打印照片要收费,于是递了20元钱给文伟红,但文伟红没有收。

面庞黝黑、头发花白的张信龙讲述当天的情形时,泪眼模糊。"突然就走了,可惜呀,他对每个人都好。"老人低声的话语里满是难过。

村民得知文伟红去世,连忙放下手头的事情,跑到村委会办公室来看他。楼道、山坡、广场、马路,挤满了心急如焚的村民。尽管那个夜晚下着大雨，但他们守到了天亮。

前些年，大坪村贫困户崔素英在儿子去世后就一个人生活。从2018年3月31日文伟红主动请缨来当驻村第一书记开始，崔素英就多了一个"儿子"。每次经过她家，文伟红都要进门看看。

"乖走了，我一晚上没睡，接连几天吃不下饭。"拄着拐杖的崔素英一边说着，一边擦着眼角。

70多岁的高腾仁和崔素英，先后两次到县城去看他，去送他最后一程，100多公里的盘山公路，老人每次坐车要3个多小时。刘廷禄、兰仕禄、兰飞……很多外出务工的村民都赶了回来。

"他根本上是一个农民，不带官气。"每每说起文伟红，高腾仁仍旧情绪激动。他说，文伟红对老年人最关心。2021年初，他看病回家，文伟红给了100元钱，让他买点吃的补身子。

想起这些，高腾仁忍不住要落泪。他转头望向窗外，自言自语道："人死不能复生，如果能复生，我们大家群众每人拉一把，都可以把他拉起来，你相信不相信？"

2016年麝香村摘帽；2017年淇滩镇和平村摘帽；2018年淇滩镇彭华村摘帽；2019年淇滩镇茶坛村摘帽；2020年大坪村摘帽。

这5个贫困村，最终都以告别贫困的姿态向"战士"文伟红致敬。

他连续两次推掉了组织对他的评优表彰，他认为"只要无愧于这份工作，无愧于这份责任就行了"，"我已经40岁出头了，荣誉多给年轻人，多激励他们奋发有为"。

在给父母的信中，他写下了自己的心声：

"爸妈，我向你们保证，等这场战斗结束，我会经常在你们身边，陪伴二老，尽一份儿子应尽的孝道，并向你们讲述我的战斗故事！"

第一书记来　水井莲花开

——记安顺市普定县县委常委、县人民政府副县长（挂职），化处镇水井村原第一书记王泽勇

王泽勇简介

王泽勇，男，苗族，1985年11月出生，贵州安顺人，中共党员，现任贵州省安顺市普定县县委常委、县人民政府副县长（挂职），曾是普定县化处镇水井村第一书记、贵州新安航空机械有限责任公司驻村干部。驻村期间，他强支部、兴产业，提出并实践了"果树上山、香葱进地、莲藕下田、养殖循环"的产业发展之路。2017年，水井村成立村集体公司，种植茶叶、经果林1200亩，莲藕1000亩，四季香葱、萝卜、茴香等蔬菜800余亩，创办村集体"荷叶茶、绿茶加工车间"，大力发展乡村旅游，累计实现销售收入400余万元、旅游收入350万元，向168户贫困户分红50.4万元，发放土地流转金150万元，发放村民务工工资70余万元，水井村人均收入从2014年的3821元增长到

2019年的9851元，384户1692人全部脱贫。获"全国脱贫攻坚奖贡献奖""全国优秀党务工作者"等荣誉。

2016年初，贵州新安航空机械有限责任公司六车间副主任王泽勇作为中国航空工业集团公司和省委国防工委选派的驻村干部，在普定县化处镇担任第一书记。驻村以来，他从最基础的事情做起，从最急需的事情帮起，从最关键的事情抓起，为水井村把脉开方，为水井村强支部、兴产业，带领全村党员群众描绘出"水井莲花开"的美丽蓝图。

王泽勇爱岗敬业，无私奉献，扎根基层，因在抓党建、促脱贫攻坚工作中发挥示范带头作用和先锋模范作用，曾受邀到中组部全国组织干部学院介绍抓党建、促脱贫工作，先后获"贵州省脱贫攻坚先进个人""航空工业风云人物""航空工业优秀共产党员""贵州省国防系统优秀共产党员""安顺市脱贫攻坚十大青年先进人物""普定县脱贫攻坚先进个人"等荣誉称号。

党建引领打牢基层基础

走进普定县化处镇水井村，放眼望去，千亩荷叶在微风吹拂下泛动着翠绿的波浪。漫步于荷塘小路，让人在这炎热的夏天里透出一丝清凉，一份惬意。远处，不时有游人慕名前来参观。

"经过两年多的发展，如今，水井村的产业发展思路已经形成雏形，'茶果上山、香葱进地、莲藕下田'的产业发展构想已经初见成效。"王泽勇说道。

说起水井村近年来的发展，王泽勇如数家珍，从刚到水井村的

王泽勇（左二）在藕塘边和村民交流

落后到后来翻天覆地的变化，对他来说仍然历历在目。"刚到水井村时，村里贫困发生率是12%，感觉不可思议。同时，村里无产业，基层基础薄弱，深感无从下手。"王泽勇在初步了解水井村的情况后，深感自己作为水井村的第一书记，责任重大。

"火车跑得快，全靠车头带。群众富不富，关键看支部。"针对水井村实际情况，王泽勇决定从建强党组织，打牢基层基础做起，只有建强基层党支部这个战斗堡垒，才能让群众找到带领发展的"主心骨"。

为此，王泽勇结合村里外出党员多，在村党员年龄偏大，村党支部工作不系统等问题，通过认真学习、反复比较，最终结合村基层实际拟定了村党支部的建设方案，并为村党支部量身制定了《水井村党支部工作手册》，把每月要开展的工作细化、量化。同时还结合实际开展专题研讨，实现"两学一做"学习教育的常态化、制度化。选举产生村民监事会和村民议事会，全面提升水井村村"两委"的公信力和办事效益，提升村民满意度。

尽心尽力俯身为民解忧

"我出生在贫困家庭，从小深刻体会到贫困的滋味。"王泽勇说，自己有机会到村里任第一书记，不仅可以带动百姓致富，也能参与到脱贫攻坚战这场伟大的行动中来，自己深感自豪。

在水井村，王泽勇把脱贫事业当成"家业"一样干，充分依托原单位这个"娘家"，大力争取中国航空工业集团公司、贵州省国防工委、贵州新安航空机械有限责任公司等派出单位的支持，整合各方面资源，凝聚了帮村带民的合力。

两年多的驻村工作中，王泽勇把群众的冷暖贫富当作自己的家事，舍小家顾大家，坚持与群众同吃、同住、同劳动，把最美好的年轻时光洒在脱贫攻坚的最基层。面对群众的疾苦，他从最急需的事情帮起。为村里的自闭症孤儿请心理医生，帮助他重返校园；帮助先天唇腭裂患儿申请免费治疗，使患儿家庭节省开支约10万元；联系派出单位为水井村修通了产业机耕道。同时，借助派出单位的资源优势，坚持做好"种下一个航空梦"航空科普进校园活动，坚持开展"关爱留守儿童"系列活动。两年多来，他协调各方力量为村里的孤儿、留守儿童捐赠物资达15万余元。驻村工作组还为村里近两年考上二本的15名贫困学生申请到7.5万元的助学金（每人5000元）。通过出真力、用真心、动真情帮助群众做实事，王泽勇逐渐得到了老百姓的信任和支持。

产业发展注入源头活水

2016年,水井村还是一个二类贫困村,产业发展如何破题成为脱贫攻坚的关键。

为此,王泽勇深入调研,咨询有关专家,听取村民意见,最后决定在村里的好田好土上做文章。为选好选准适合村里发展的产业,他赴遵义,山东济南、济宁,云南昆明、玉溪、曲靖等地考察,积极联系技术专家,拜访种植大户,带领村"两委"成员、村民代表实地参观学习。

经过走访观察,王泽勇觉得水井村的自然环境不错。一番调查后,根据水井村的实际情况,他提出发展莲藕产业走出一条农业转型脱贫之路的想法。

2016年初,经多次研究讨论,他与村"两委"成员制定了"果树上山、香葱进地、莲藕下田、养殖循环"的产业发展之路,村"两委"成员带头流转土地,全村初步形成立体式全覆盖的产业格局。

发展思路确定后,水井村抢抓普定县"一村一公司"政策的机遇,通过鼓励农户土地入股、引导种植大户联合组建合作社统一经营的"村企合一"模式,成立了"水井莲花农业发展有限公司"。公司成立后用好用活100万元启动资金,广泛吸纳农户以土地入股经营,以"支部+公司+基地+农户"的模式发展莲藕种植1000亩,香葱种植600亩,退耕还林种植茶叶、水果共1200亩,每年定向贫困户用工200人,直接增加贫困户收入共18万余元。

近年来,在王泽勇与村"两委"的带领下,水井村的"莲藕经济"发展迅猛。2017年秋季,在"娘家"中国航空工业集团公司的帮助下,他赴深圳天虹商场洽谈莲藕销售,成功以每公斤7元的价格签订了合同,当年该商场便采购了水井村价值83万余元的莲藕。产业成功的示范引领作用吸引多地干部到水井村调研，促成签订种子订单，销售额达120余万元。

2017年，水井村成功举办"首届荷花节"以及"万人徒步游荷海"等活动，接待游客近4万人，实现旅游收入从零元到25万元的突破。2017年7月，水井村生产出了首批"水井养生荷叶茶"，成功售出后，收益达2万余元。当年，全村产业销售额达200余万元，增加务工收入70余万元，种植户增收达83万余元，村集体增收8万余元。2018年，村集体公司推出"水井荷海"系列朵贝绿茶，销售额达30余万元，创利10万余元。

水井村产业的发展，实现了和所有贫困户的利益联结。该村人均纯收入从2016年的6910元上升到2017年的7935元，贫困发生率从12.52%下降到2.47%。村集体公司每年获得的利润，以土地股、人头股、发展股、公益股、管理股的"五股"模式进行分配，建立了向贫困户倾斜，各方均得利的利益共享机制，从而增强了村"两委"的向心力，提高了群众的积极性。

如今在水井村说起王泽勇，村民都竖起了大拇指。"王泽勇来到水井村后，是真真正正沉下身子做事，建强了村'两委'组织，深入群众解决困难问题，带领群众发展产业跑销路，他是一个有思想、有思路、有干劲的第一书记。"水井村村支书董开明说。

善登高峰　坚守脱贫攻坚最前沿

——记铜仁市生态移民局党组成员、督查专员，沿河土家族自治县中界镇高峰村原第一书记张鲁黔

张鲁黔简介

张鲁黔，男，土家族，1980年4月出生，贵州印江人，中共党员，贵州省铜仁市沿河土家族自治县中界镇高峰村原第一书记，现任铜仁市生态移民局党组成员、督查专员。2016年3月起任沿河县中界镇高峰村第一书记，在多次可轮换之时，他都主动向单位申请继续留任，以"不破楼兰终不回"的决心，毅然留守高峰村，继续战斗在带领群众脱贫致富的最前线。驻村期间，张鲁黔以极高的政治站位，务实的工作作风，突显发展担当、责任担当、使命担当，让高峰村在脱贫攻坚中向组织和群众交上了一份满意答卷。获"全国脱贫攻坚先进个人""贵州省脱贫攻坚优秀共产党员"等称号。

张鲁黔，1998年12月参加工作，2007年6月加入中国共产党，是铜仁市生态移民局派驻沿河土家族自治县中界镇高峰村的第一书记。2017年7月分别被市、县授予"全市优秀第一书记""全县优秀第一书记"荣誉称号。2018年3月，在第一书记任期满2年之时，他主动申请继续留任高峰村,继续战斗在带领群众脱贫致富的最前线。2019年7月，张鲁黔被评为"全省脱贫攻坚优秀共产党员"。2021年2月，被党中央、国务院授予"全国脱贫攻坚先进个人"称号。

夯实战斗堡垒，打造脱贫攻坚之头

张鲁黔通过抓队伍、强领导、建阵地，以完善和加强基层党建基础工作为切入点，抓好党的建设工作。

抓队伍建设。他针对党员老龄化问题严重和文化水平不高的现象，将想干事、能干事的年轻同志吸纳进党组织，有效解决了高峰村发展后备力量储备不足的问题。同时，设置党务公开栏、党员形象栏，并在高峰村3个村民组各确定1户党员中心户进行教育培训，组织在家党员开展"佩党徽、亮承

"全国脱贫攻坚先进个人"称号获得者张鲁黔

诺"活动，发挥党员在脱贫攻坚中的先锋模范作用。

抓支部建设。他将村委活动阵地打造成为"党员之家"，构建党建宣传平台，按要求定期开展"三会一课"。通过不断学习，进一步增强"四个意识"、坚定"四个自信"、做到"两个维护"，让广大党员在脱贫攻坚战役中更具担当，提升了高峰村党支部的创造力、凝聚力、战斗力。

抓阵地建设。他针对村委会办公设备不足，争取3万元资金添置了电脑、打印机、办公桌等，并提前实现了高峰村的网络全覆盖。在张家港市杨舍镇善港村与高峰村形成结对整村帮扶后，他积极与善港村沟通对接，启动建设了具备办公、党员干部培训、村民教育等功能的干群服务中心。

建强基础设施，筑牢脱贫攻坚之体

高峰村曾是沿河县50个深度贫困村之一，当时全村147户561人中建档立卡贫困户就有50户196人，贫困发生率为34.9%。作为驻村第一书记，张鲁黔对基本情况早已了然于胸。

"谋定而后动，知止而有得。"由于高峰村地理位置较偏，基础设施欠账较大，张鲁黔主动协调争取项目。他从市县两级和张家港市结对帮扶村协调项目资金，先后实施了3.3公里道路硬化项目、人饮工程项目、照明亮化项目、七里槽排洪渠项目、产业路开挖项目、8公里茶场道路硬化项目、2公里龙门组至小池组产业路项目。此外，面对在项目实施过程中产生的矛盾纠纷，他敢于担当，主动作为，第一时间登门入户给当事人做思想工作，确保了项目的顺利实施。

壮大集体产业，储蓄脱贫攻坚之力

脱贫攻坚的关键是群众增收，而产业发展正是让群众增收的重要举措。张鲁黔坚持"扶贫先扶智"的工作理念，引导大家克服"等、靠、要"的思想，激发群众的内生造血功能。

"他山之石可以攻玉。"初到高峰之时，他结合市场需求，探索发展路子，带领群众发展了百合、葡萄和空心李等产业。特别是在与善港村建立对口帮扶后，他充分借鉴了善港村的新农业发展经验，使驻村工作组和善港驻村工作队形成工作合力，采取"公司+合作社+农户"的模式发展村集体经济，让当地群众的收入得到明显提升。建设高峰生态有机农业产业园，项目前期完成投资330万元，已建成连动大棚16个、标准大棚41个，棚内种植了草莓、葡萄、红美人橘子等精品水果。建设有机茶园，项目投资350万元，收购原183亩茶园，流转周边土地120亩，配套建成1200平方米的茶叶加工厂房。为了让群众在起始阶段就融入生态环保养殖业基地项目中，他选派了3名致富带头人到善港村学习养殖技术。在此基础上，积极配合善港村驻村工作队建立扶贫示范试验基地。基地主要种植存活率较高、经济效益好的美国金瓜、红玫糯玉米等农产品，已试种成功并上市销售。

优化乡村环境，绘就脱贫攻坚之颜

来到高峰村后，张鲁黔发现村里卫生环境脏、乱、差，而且群众缺乏维护村容村貌的主动意识。为此，他以村民自治的方式，围绕美丽乡村建设，制定高峰村环境整治工作方案，建立环境卫生长效管理机制，切实开展乡村治理。发动群众义务对道路两旁的5处牛舍、鸡棚进行集中拆除，并进行绿化，有效改善了村里的卫生环境。每逢党员活动日，组织党员清扫主干道，清理卫生死角。在全村配备10个垃圾箱，实行定点堆放、统一清运，解决了高峰村垃圾乱堆、乱焚烧的难题。随着乡村治理持续深入开展，他成功调动了村民参与环境卫生管理的积极性和主动性，让群众逐渐形成了以村为家的思想认识。

抓好人文关怀，打造和谐村庄

"一枝一叶总关情。"张鲁黔对每户群众的情况都了然于胸，他通过为民办事，让群众增添获得感，进一步改善了干群关系，使全村呈现了互敬互帮的和谐氛围。

罗永进、罗仕江、谢海军三户贫困户，自身具备发展能力，非常适合易地扶贫搬迁，但由于存在故土难离的情节，一直不愿意搬迁。张鲁黔多次登门做动员工作，并将他们接到碧江区安置点实地参观，最终成功说服三户人家同意搬迁。独居老人胡秀花，所住房子长年未修，张鲁黔通过实地了解后，帮助其争取到危房改造政策，但因其家中无劳动力，他又请本村的泥水工帮助施工，最终让胡秀花住进了安全住房。

在知道善港村工作队准备在暑期组织学生开展学习培训班时，他立即落实了临时课堂，购买了空调、课桌等必须用品。他还配合善港村筹建了高峰"善扶康"健康医疗互助基金，获得善款10万元，为高峰村村民又提供了一份保障。

致敬来时路，感恩再出发

时间犹如白驹过隙，在三年多的驻村工作中，张鲁黔将大部分时间投入在工作上，每每想起家中的老人、爱人和女儿，内心五味杂陈。三年里，他得到组织的信任和群众的认可，连续三年考核为"优秀"，荣立三等功一次。

面对家人和工作，张鲁黔有自己的打算："善港村与高峰村建立的整村帮扶机制日趋成熟，定下了'善有善为、善始善终、善作善成、善登高峰'的帮扶目标，务必把高峰村打造成全市东西部协作示范点。"行百里者半九十，张鲁黔毅然扎根高峰村，并表示高峰村一日不脱贫，自己一日不撤回。

大山深处的浓浓帮扶情

——记贵州省林业调查规划院纪委书记、黔西南布依族苗族自治州册亨县巧马镇孔屯村原第一书记朱鑫

朱鑫简介

朱鑫，男，汉族，1984年3月出生，贵州金沙人，中共党员，黔西南布依族苗族自治州册亨县巧马镇孔屯村原第一书记，现任贵州省林业调查规划院纪委书记。2018年3月，他主动申请来到孔屯村后，下决心要帮助乡亲们摆脱贫困。在积极争取帮扶资源和资金的同时，朱鑫采取"农户＋合作社＋公司"的模式，在孔屯村种植蜂糖李177亩（林下套种黄豆）、糯米蕉227亩、魔芋100亩，利益联结100户建档立卡贫困户，已初步形成适合当地村情的特色产业。在朱鑫及孔屯村全体干部群众的共同努力下，孔屯村的贫困发生率从45.25%下降至1.4%，2020年1月顺利通过国家第三方考核评估，整村脱贫。获"全国先进工作者""贵州省脱贫攻坚优秀第一书记"等荣誉称号。

"书记就是给予了我第二次生命的贵人,是他帮助我从洪灾中死里逃生。"贵州省黔西南布依族苗族自治州册亨县巧马镇孔屯村村民韦光兴满脸真诚地说。她口中的贵人就是贵州省林业局派驻孔屯村的第一书记朱鑫。驻村以来,朱鑫与村"两委"干部一道,冲锋一线为民服务解难事,为夺取脱贫攻坚战的胜利夜以继日地工作。

攻坚堡垒践行党员担当

贵州省林业局是册亨县巧马镇孔屯村的定点帮扶单位。2018年3月,派驻在巧马镇孔屯村的第一书记服务期满,省林业局正在为选派下一任第一书记而考虑时,朱鑫主动报了名。在得到批准后,他义

朱鑫(前排中)考察苗木培育基地情况

无反顾地投身到了这个曾经的省级深度贫困村的脱贫攻坚战中来。

刚到任的第一天，朱鑫就被泼了一瓢凉水，眼前的贫困超出了他的预想。孔屯村位于册亨县巧马镇北部，距镇政府所在地 11 公里，下辖 10 个村民小组 31 个自然村寨，居住着汉族、布依族、苗族、仡佬族等多个民族，是巧马镇民族杂居的深度贫困村。村里的很多群众仍然居住在摇摇欲坠的土坯房中，仍然喝着略显浑浊的水。映入眼帘的这一幕幕情景，更加坚定了他投身脱贫攻坚战的决心。

作为第一书记，朱鑫深刻认识到要在短时间内使孔屯村这样的深度贫困村脱贫，必须结合当地实际，充分尊重贫困户的意愿，因地施策，精准施策。为了更好地了解村情民情，刚到村里一个月，他便租住在孔屯村青杠林组建档立卡贫困户杨秀光的家里。真蹲实住，沉到一线，和群众打成一片，他想听听老百姓的家常话，深入了解他们的生产生活情况，找准深度贫困的"病根"。

"党员就是为人民服务的"，朱鑫的话语掷地有声。

危难时刻显"硬核"担当

大灾面前，责任如山，担当如铁。2019 年 9 月 9 日下午，巧马镇遭受特大暴雨侵袭，降雨量突破历史极值，持续的强降雨引发了山洪、泥石流等自然灾害，群众的生命财产安全面临巨大威胁。"我的老家房子快要垮了，我老公外出了，家里还有三个年幼的孩子，麻烦书记帮帮我！"双腿残疾的村民韦光兴打来电话。

接到电话后，朱鑫立即组织县林业局的两名下沉干部王乃祥、游克芳出发，驾车经过已快坍塌的山路向孔屯村板秧组一路驶去。到达韦光兴家后发现，家中早已哭成一片，双腿残疾的韦光兴没有行动能力,而孩子都还年幼,无法转移到安全地带。朱鑫一行人马上背着韦光兴,带着孩子跑了出来。不一会儿,承受不住大雨侵蚀的老房子轰然倒塌。

暴雨已经持续了五六个小时,一行人乘车往安置区赶,途经三岔河旁的山路上时,驾驶车辆的王乃祥看到路面已经开始下沉,便回过头问:"书记,怎么办?""怎么办?在这个地方待的时间多一分钟,危险便多一分钟,冲过去……"车子刚刚驶出下沉路段,便听到后面哗啦一声,发生滑坡了。

众人吓出一身冷汗,朱鑫却还笑着说:"今天有两次差点儿用上了单位帮助购买的脱贫攻坚关爱险了呢。"

洪水消退后,朱鑫组织孔屯村的党员干部第一时间投入到灾后重建工作中,合力开展道路疏通、淤泥清理、农田水利修复等灾后自救工作,用崇高的责任意识和党性修养,践行了为民爱民的宗旨,彰显了党员不忘初心、永葆党心的政治本色。

激活产业脱贫"一池春水"

产业可富村。在推动产业发展上,朱鑫因地制宜,细致研究。在孔屯村驻村的两年多的时间里,他先后组织党员和群众代表到黔西南州的乌沙镇等多个村镇考察林下养殖种植成功案例,积极学习先进经验,结合自己身为"林业人"的优势,最终确定了精准发展特色产业的发展方向。

同时,利用自身林业工程师的专业优势,同巧马镇林业站、扶贫干部和驻村干部一起,主持申报了 2019 年青年人才资金科研项目,积极争取省林业局林下种植养殖和生物防治项目资金、宁波东西部协作帮扶资金和地方项目资金等共计190.9万元投入到孔屯村的产业发展中。

结合孔屯村的实际情况,朱鑫积极开展胡蜂养殖和蜂糖李种植等经济项目的探索,采取"农户+合作社+公司"的模式,成功培育胡蜂蜂王3000群,实施种植蜂糖李177亩(林下套种黄豆)、种植糯米蕉227亩、种植魔芋46.8亩,惠及贫困户115户。此外,朱鑫还发挥专业所长,帮助孔屯村实施森林抚育1197.6亩,争取到国家项目投资13.7万元,全部转化为当地村民的劳务收入,惠及建档立卡贫困户116户;为村里争取到43个生态护林员名额,每年为建档立卡贫困户增加收入43万元;争取到国家项目投资8万元,在孔屯村三岔河饮用水源地周边实施小微湿地建设,退减玉米等低效农作物,改种芭蕉芋50亩,聘用湿地管护员1名,每年有效增加建档立卡贫困户收入7.5万元……

朱鑫因地制宜,精准施策,争取多方协作,有力巩固了孔屯村的脱贫成效和可持续发展态势。孔屯村的魔芋种植项目顺利通过验收并产生效益,胡蜂养殖项目也形成了上千群的规模,初步发展起了适合当地村情的产业。

五、平凡英雄

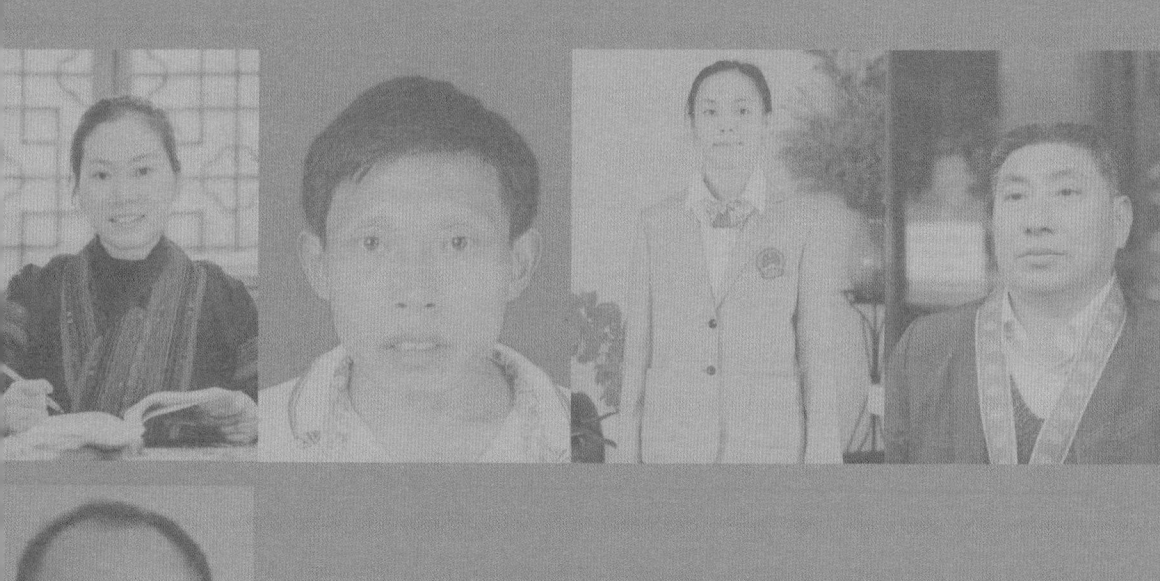

用勤奋践行初心　靠双手编织梦想

——记赤水市牵手竹艺发展有限公司总经理、贵州省非物质文化遗产赤水竹编传承人杨昌芹

杨昌芹简介

　　杨昌芹，女，苗族，1990年6月出生，贵州印江人，中共党员，现任赤水市牵手竹艺发展有限公司总经理。2007年，杨昌芹开始学习竹编，通过勤学苦练、精心钻研，她成为贵州省非物质文化遗产赤水竹编传承人。2012年，杨昌芹成立赤水市牵手竹艺发展有限公司，带领乡亲们加工、销售竹编工艺品。杨昌芹因竹编技艺声名远播后，很多人开出优厚的条件，让她去开厂或办培训班。但杨昌芹始终不忘对老师、客户和村民的承诺，坚持传承技艺，诚信经营，带领村民脱贫致富，最终成为推进非遗传承与乡村振兴融合发展的带头人。获"2018中国非遗年度人物""全国三八红旗手""贵州省优秀共产党员"等荣誉。

用勤奋践行初心　靠双手编织梦想

当好党员"践行者",无私奉献展使命

杨昌芹从小家境贫困,在她6岁时,父亲因病去世,这让本已艰难的家庭雪上加霜。在印江县读职校时,一次偶然的机会,杨昌芹和同学在该县经贸局的组织下来到了赤水,跟随大同镇孔滩桥的竹编工艺师陈文兰学习竹编工艺。一学就是十年,通过长期坚持,她的竹编技艺达到了"大师"级别,特别是她开创的立体竹编因图案精美、类型丰富,引起社会关注并受到推崇。在政府和行业内朋友的推荐下,她带着各式精美的竹编产品参与国内外比赛,近年来,荣获数十块奖牌。2012年5月,杨昌芹在当地政府的支持下成立了赤水市牵手竹艺发展有限公司,随着公司的发展,杨昌芹的生活慢慢变得宽裕,但富起来的她从未忘记反哺家乡。

靠着高超的竹编技艺和带领乡亲们脱贫致富的先进事迹,她先后

杨昌芹认真编织竹编产品

全面建成小康社会 贵州奋斗者

杨昌芹挑选竹编原材料

成长为"黔北工匠"、省第十二次党代会党代表，2018年2月还当选为第十三届全国人大代表，成为最年轻的"90后"党代表之一。在会议代表通道上，她自信满满地向国内外记者展示赤水竹编的特有魅力，展示赤水脱贫攻坚的成果，为的就是让国内外更多的人关注到赤水，关注到贵州的脱贫攻坚。从全国两会回来后，她第一件事就是准备全国"两会"精神的宣讲。"我要把党和国家的好政策传递给贫困群众，让更多的人熟悉脱贫攻坚以及其他方面的政策，鼓励更多的人勤劳致富"，她充满了作为全国人大代表和省党代表的责任感和使命感。每次宣讲，总会有些干部群众好奇地问她参加全国的会议，亲自见到党和国家领导人是什么感受，而她却总是笑着说，"只要大家肯努力、肯坚持，就一定能够实现自己的梦想"。

当好发展"领头雁"，脱贫路上显担当

"作为一名党员，就是要有技不深藏，喝水不忘挖井人，我要通过自己的努力，让更多的贫困群众加入竹编行业，通过竹编实现勤劳致富。"她是这样说的，也是这样做的。在杨昌芹心里，老百姓最亲，贫困户最重，富了的杨昌芹，没有忘记乡亲。她身为共产党员，认为脱贫攻坚也要尽自己的一份力，于是主动联系镇里的党员干部，说要通过提供技术培训和就业岗位来帮助贫困户脱贫致富。

2016年的大同镇民族村的党员承诺大会上，杨昌芹向全村党员和群众庄严承诺，要做一个为镇、村的脱贫攻坚事业做出贡献的人。说干就干，杨昌芹第二天就领着有意向学习技术的贫困户到店里，耐心详细地讲解竹编技术。有个别群众认为竹编非常困难，需要长期坚持，她就上门去做思想工作。对于学习有困难的贫困户，杨昌芹为他们想了很多就业的办法，比如砍竹、当搬运、做销售等。另外，为了传承技艺，她在赤水五中开设竹编兴趣班，对感兴趣的中学生进行培训，每周坚持培训2个课时，每期接受学习的学生在30人以上。

作为赤水竹编产业的"领头羊"，她带领大同镇的贫困户真正实现自己创收，走上了一条稳定的致富路。

全面建成小康社会 贵州奋斗者

杨昌芹检查竹丝

当好安全"守护神",疫情一线践初心

面对突如其来的新冠肺炎疫情,杨昌芹没有临阵退缩,她表示:"在大灾面前,自己作为一名共产党员、人大代表,在为家乡人民贡献力量这件事上,更有责任和义务。"疫情就是命令,防控就是责任。自贵州省启动突发公共卫生事件一级应急响应后,杨昌芹积极动员家人和周边群众,主动报名参与疫情防控工作,认真协助当地工作人员在疫情监测点对过往车辆和人员进行全面排查和信息登记,给过往行人测

量体温；协助参与小区值守工作，对小区住户信息进行详细的摸排和登记，对进出小区的人员进行身份核实，对非小区人员进行耐心地劝返。期间，杨昌芹积极做好群众的思想工作，不传谣、不信谣、不恐慌，正确看待疫情，劝散扎堆聚会人群，在小区楼栋分发和张贴防控疫情宣传标语，提高群众的自我防护意识，以实际行动践行共产党员的初心使命，全力配合好疫情防控工作。

"一方有难，八方支援""疫情无情人有情"，为坚决打赢疫情防控阻击战，杨昌芹倾情奉献力量，主动带头捐款，并发动与她有密切联系的商户和村民捐钱捐物奉献爱心，最终向政府捐赠爱心款2.2万元和价值1.5万元的酒精、口罩、大米等物资，有力支持了疫情防控工作。杨昌芹还自行出资联系广告公司制作健康宣传资料3000余册，通过入户发放，宣传疫情防护健康知识，引导广大群众服从党委、政府的统一安排，主动配合防疫工作。杨昌芹说："我是一名共产党员、一名人大代表，人民群众信任我，我就要做表率，关键时刻站得出、挺得住，为打赢疫情防控阻击战贡献出自己的力量。"最终，大同镇疫情防控指挥部收到全镇3000余户群众、30多家企业共计15万余元的捐赠款。

惟其艰难方显勇毅，惟其笃行方显珍贵。杨昌芹是千千万万共产党员的缩影，她在平凡的岗位上，用不平凡的努力，践行了共产党员"不忘初心、牢记使命"的承诺。

用匠心守护着万家灯火

——记贵州电网有限责任公司兴义供电局输电管理所机巡二班高级作业员、高级工程师，"贵州工匠"龙福刚

龙福刚简介

龙福刚，男，苗族，1975年2月出生，贵州兴义人，中共党员，现任贵州电网有限责任公司兴义供电局输电管理所机巡二班高级作业员、高级工程师。龙福刚20余载坚守带电作业岗位，拼搏奉献在电力工作基层一线，他将区域内1467公里输电线路牢记于心，带领班组成员开展了500余次高压输电线路带电检修，巡维路程超30万公里，连续8400余天带电作业"零差错""零事故"。他花4年时间潜心研制带电作业TYK卡具，成功开展带电作业200余次，减少电量损失2.3亿度，价值近1亿元。获"全国五一劳动奖章""全国劳动模范""贵州工匠"等荣誉。

用匠心守护着万家灯火

龙福刚肩扛由他发明的折叠检修梯赶赴工作现场

作为一名共产党员,龙福刚20余载坚守带电作业岗位,拼搏奉献在基层电力工作一线,用匠心守护着万家灯火,为地方经济社会发展做出了突出贡献。

龙福刚现为贵州电网有限责任公司兴义供电局输电管理所机巡二班高级作业员、高级工程师,他坚毅执着,勇于创新,从门外汉成长为电网技能专家;他渡人渡己,传承工匠精神,积极为行业培养专业技术人才。他用汗水和行动践行了"人民电业为人民"的宗旨。

初心不改,钻研发明闯新路

面对初入电力行业,业务不熟的窘境,龙福刚通过刻苦钻研、努力自学和不断实践来弥补不足,仅用3年时间就成为带电班班长,完成了别人需要10年甚至更长时间的成长过程。

龙福刚（左）在杆塔上教徒弟更换绝缘子串

他是工作中的"有心人"，将区域内的1467公里输电线路、4984基杆塔所处的地形地貌牢记于心。他爱观察、善思考、勤动手，并痴迷于技术创新，用4年时间发明出带电作业TYK卡具，极大提升了带电作业的效率，降低了安全风险，获得贵州省总工会节能减排"金点子"一等奖。此外，随着该创新成果的投入运用，成功开展带电作业200余次，减少电量损失2.3亿度，为国家创造经济价值近1亿元。

为了探索规范化的作业标准和方法，他发明了更换绝缘子串的"20中用法"（挂20、收20、站中间、腰用力），让一个普通的输电员工在8分钟内就能完成绝缘子串更换工作，使更换时间降低至原来的三分之一。该方法也被称为"龙氏打大法"，被贵州电网有限责任公司大力推广使用。

截至2022年1月，龙福刚已经拥有国家专利17项。其中，折叠检修梯等2个项目已进行市场转化应用，6个项目进入南方电网公司新技术推广目录，现已在贵州、云南和广西等地推广使用。

急难险重，冲锋在前抢新机

2008年，龙福刚率领兴义供电局抢险队赴黔东南州支援抗冰抢险。他每天早上6点就带领队员投入抢修，仅用3天时间，就完成了平常需要15天才能完成的抢修工作，在除夕前为3个县的老百姓送去光明。为此，黔东南州政府的代表专程到兴义赠送锦旗以表谢意。

2011年，望谟县发生"6·6"特大洪灾，龙福刚和队员每天顶着39摄氏度的高温工作。期间，他们冒险游过汹涌的河流，靠人抬肩扛克服各种困难，提前5天完成抢修任务，为灾区重建打下了坚实的基础。

2020年，新冠肺炎疫情期间，为保障黔西南州8县市78条110千伏输电线路安全稳定运行，龙福刚多次主动请缨，不辞辛劳地奔赴在保供电一线，确保了91条重要线路的不间断供电。

工匠精神，技术传承开新局

龙福刚用自己的专业精神与经验，通过带思想、带作风、带技能的方式，影响和带动着身边的人，多次被评为兴义供电局的"优秀师傅"。作为黔西南州第一位获得国务院政府特殊津贴的高技能人才，他主动捐出2万余元津贴用于青年技能人才的培养；作为贵州电网的内训师，他毫无保留地将自己掌握的知识和技能进行分享。如今，他培养出的徒弟已遍布全省各地，涌现出了文峰、岑远洪、王家军、周志波等一大批劳模、工匠和优秀青年。截至2022年，他带出输电专业人才386名、技师28人、高级技师6人、技术技能专家5人。同时作为"龙福刚技术能手工作室"的负责人，连续3年获得南方电网公司系统职工创新奖表彰。2018年10月，工作室还被贵州省总工会授予"劳模创新工作室"。

龙福刚先后获"五一劳动奖章""行业道德标兵""贵州工匠"等荣誉

龙福刚先后获"全国劳动模范""全国五一劳动奖章""贵州省五一劳动奖章""行业道德标兵""贵州工匠"等荣誉。2021年10月,龙福刚作为全国电力行业、南方电网公司、贵州省的唯一代表,成为全国仅有的19名"最美退役军人"之一。中央电视台对他的事迹进行了宣传报道,龙福刚得到了行业及社会各界的广泛肯定。

二十余年如一日,守护苗乡村民健康

——记黔西南布依族苗族自治州安龙县普坪镇鲁沟塘居委会卫生室乡村医生、"最美医生"潘凤

潘凤简介

潘凤,苗族,1970年9月出生,贵州安龙人,中共党员,现为贵州省黔西南布依族苗族自治州安龙县普坪镇鲁沟塘居委会卫生室乡村医生。1995年9月,潘凤考入黔西南布依族苗族自治州卫校。在校期间,她学习刻苦,成绩优异。毕业时,学校在300多名毕业生中推荐3名学生到遵义医学院深造,潘凤就是其中之一。25岁的潘凤从学校毕业后毅然放弃留在城市发展的机会,选择回到家乡做乡村医生,守护苗族同胞的健康。这些年来,潘凤走遍方圆二三十里的村寨,先后接诊20余万人次,走村串户出诊治疗2万余人次,每次步行10公里以上,行程3万多公里。获"全国劳动模范""全国三八红旗手""最美医生"等荣誉。

2022年8月，中宣部、国家卫生健康委向全社会公开发布2022年"最美医生"先进事迹，全国共有10人和1个团队光荣入选，来自贵州省黔西南布依族苗族自治州安龙县普坪镇鲁沟塘居委会卫生室的医生潘凤就是其中之一。

心中埋藏着学医的种子

1970年，潘凤出生在黔西南布依族苗族自治州安龙县普坪镇戈塘村，该村距普坪镇政府30余公里，是一个苗族村寨，海拔1430余米，整个村子地处半山腰上。

由于母亲生病，初中时的潘凤每个周末都会背着母亲，从青杠林步行到戈塘卫生院看病，十多公里的山路，每次需要走两个小时左右。偏僻地方的群众看病难，潘凤对此深有体会，那个时候的潘凤就暗自下决心——自己要学医。

1995年9月，潘凤考入黔西南布依族苗族自治州卫校民族医士专业。在校期间，她学习刻苦，成绩优异。毕业时，学校在全校300多名毕业生中推荐3名学生到遵义医学院深造，她就是其中之一。

进修结束后，身边的同学纷纷留在城里工作，可潘凤还记得自己当初的梦想与决心，想到缺医少药、交通不便的寨子，她义无反顾地选择回到家乡。

用青春和汗水服务群众

为产妇接生，为老人针灸，为困难病人义诊……二十余年来，潘凤用自己的青春和汗水为当地的苗乡群众服务。

回到家乡的潘凤在戈塘村租用民房办起了村卫生室,方圆二三十里,就她一个学医的。

刚刚办卫生室时,村民对妇女生产没有什么概念。"当时,很多产妇都是自己在家生孩子,没有预产期的推算,有的是临产了才找上门,有的是生产过程中遇到紧急情况才想到找医生。"潘凤一边教给村民基本知识,一边用心面对每一位需要帮助的村民。

2018年8月,戈塘村的贫困群众通过易地扶贫搬迁进了城,潘凤的卫生室也搬迁到相邻的鲁沟塘居委会卫生室。

近年来,随着国家对卫生健康事业的不断投入,村民得到了优质便利的医疗卫生服务,村民的健康意识也在不断增强。

而潘凤也不仅是治疗头疼脑热、接生等,还承担起了居民公共卫生服务、疫情防控、妇幼保健、传染病防治、计划免疫以及农村合作

潘凤在出诊路上

医疗等工作。

疫情防控时的"守护人"

2020年初,新冠肺炎疫情暴发。为了筑起一道坚固的疫情防线,守护乡村群众的生命安全,潘凤与4名回乡的医学生组成"医疗小分队",入户给村民测体温,发放预防感冒的药物,教给村民基本的防护知识,夜以继日地奋战在疫情防控一线。

"每天给群众量体温,免费给他们发放口罩和常用药品,在疫情防控的关键时刻,我们村医应该站出来,为群众做一点力所能及的事情。"潘凤说。

"大家健康,我就觉得值了。"

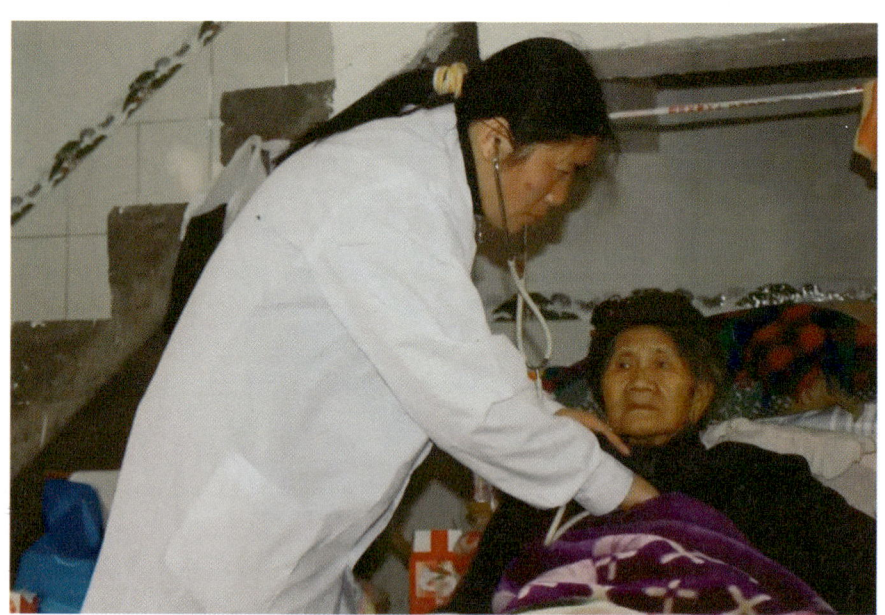

潘凤(左)到戈塘村为76岁的老人杨忠美治病

为了让村民享受到更好的医疗服务，潘凤多方设法联系到恒金中医堂在安龙县医院举行"公益万里行"活动，并邀请到著名针灸专家郭相华教授亲临现场，为听障人士和中风偏瘫及疑难杂症患者施针。同时，潘凤争取到恒金中医堂的捐献款 10 万元，这笔关爱款将用于救治困难病人。

2013 年以来，潘凤先后获得"贵州省十大最美乡村医生""贵州省劳动模范""全国最美妇幼天使""全国劳动模范"等荣誉。

二十多年来，潘凤走遍卫生院附近方圆二三十里的村寨。在医疗健康精准扶贫工作中，她让全村 35 岁至 65 岁的妇女接受了宫颈癌筛查。2019 年，潘凤实现家庭医生签约医疗服务 116 户 502 人，免费服务患者 3000 余人次。

对于入选 2022 年"最美医生"，潘凤说非常荣幸，她说没想到自己能得到这份荣誉。"比我辛苦、比我优秀的人有很多，我只是众多村医中的一名。"

对于未来，潘凤表示，自己作为一名基层工作者，以后会更加努力地提高医疗技术，更好地服务广大村民，大家健康了，她就觉得值了。

深耕油茶良种之基　做大生态富民产业

——记黔东南苗族侗族自治州天柱县林业产业发展中心副主任袁昌选

袁昌选简介

　　袁昌选，男，侗族，1972年3月出生，贵州天柱人，现任贵州省天柱县林业产业发展中心副主任。20余年来，袁昌选初心不改，致力于油茶栽培技术研究，在平凡的岗位上做出了重要贡献。截至2022年3月，天柱县油茶林总面积达39万亩，其中投产面积25万亩，茶籽产量达1.28万吨，油茶全产业链产值突破3.5亿元。他积极推广油茶科学种植，义务为种植户提供科技服务，足迹遍布县内各地，使"生态茶果"真正变成了乡亲们的"致富金果"。获"全国先进工作者""全国生态建设突出贡献先进个人""全国最美林草科技推广员""贵州省先进工作者"等荣誉。

深耕油茶良种之基　做大生态富民产业

南方有嘉木，黔地出油茶

在天柱县，一株株油茶树扮绿了山头，带富了群众。作为主导产业之一，截至2022年3月，全县油茶林总面积达39万亩，其中投产面积25万亩，茶籽产量达1.28万吨，油茶全产业链产值突破3.5亿元。全县油茶产业覆盖4.6万户，稳定2.5万人季节性就业，人均增收4800元。

来之不易的成绩，在全国人大代表、天柱县林业产业发展中心副主任袁昌选看来，离不开良种良法的推广和全县油茶农的共同努力。

眼下，是油茶树果实膨大和花芽分化的关键期，割灌除草、修枝整形、营养补充等工作必须跟上。石洞镇双屯村老油茶林基地里，施工负责人伍绍良正组织群众进行扩穴松土垦复作业，等待雨后施肥。为此，袁昌选来到基地指导："扩穴松土的深度和宽度一定要准确，马虎不得。另外，年初截杆促萌复壮技术改造的油茶树新梢过密，可以进行修枝了。"

袁昌选（右）指导村民培育油茶苗

石洞镇是该县最为偏远的乡镇,过去因品种不良、树龄老化等原因,油茶林的产量、效益双低。

近年来,天柱县大力实施低产低效油茶林改造项目,2022年该镇成为袁昌选带队重点攻克的重要片区,给当地油茶农吃下了"定心丸"。

1993年7月,袁昌选从黔东南苗族侗族自治州民族林校毕业后,回到天柱县林业种苗站成为一名技术员,从此扎根大山。2001年,袁昌选正式与油茶结缘。他很快便发现了油茶产业不见起色的症结所在,决定先从改良油茶品种入手。

良种从哪里来?袁昌选穿梭于全县18万亩老油茶林中,调研气候、地形、温度、湿度等各种数据和油茶林的品种、生长情况。渴了喝口山泉水,饿了吃几口自带的干粮,天黑了就留宿老乡家里。凭借专业技术,他主持选育的"白市4号""翁洞8号""翁洞24号"3个地方油茶品种在贵州率先通过了省级林木良种认定,填补了省内长期无地方油茶品种的空白;从引种区试验的众多湘林油茶品种中筛选出"湘林1号""湘林27号""湘林210号"等11个高产品系,并在贵州东部油茶产区全面推广。

袁昌选(左二)向基层干部群众讲解油茶栽种管护技术

深耕油茶良种之基　做大生态富民产业

良种是核心，良法是关键

为全力推进油茶林提质增效，袁昌选根据每一个基地的小生态气候，有针对性地推行良种良法。为了让种植户掌握更加科学的种植方法，他经常深入油茶基地，面对面、手把手地教村民如何处理苗木、施放肥料、防治害虫、采收果实等。

"只要不开会不出差，袁主任每个月有20余天都在各个油茶种植基地奔走，问诊把脉，开方下药，每天100公里以上的车程是家常便饭。"跟随袁昌选学习技术20多年的造林大户伍绍良说。

不仅如此，为解决技术覆盖、标准执行难到位等问题，袁昌选培育了专业的造林管护服务队，并创建了"天柱油茶种植"微信群，服务范围覆盖全县油茶种植户、企业人员、合作社代表等共计100多人，并延伸到岑巩、锦屏等油茶发展县。另外，他还定期在微信平台上开展关于油茶栽培技术与市场信息的业务培训。

随着油茶种植规模稳定，提质增效工作有序推进，如今的袁昌选将目标投向"接二连三"全产业链的深层发展。

"在种植端，我们继续对标全国前沿优质品种，引进培育适合我省本土生长的高产高质品种，推广种植技术标准，严格执行标准。同时，针对市场薄弱环节，延链补链，最大限度降低生产成本，生产出让大众吃得起的优质油。"袁昌选介绍，天柱县围绕"统筹部门资源、创新发展模式、扩大种植规模、突破精深加工、打造产品品牌、拓宽销售渠道"的总体思路，正大力实施产业倍增行动，实行长短结合的林下经济复合发展模式，不断延伸油茶种植、加工、储备、销售的全产业链，进一步调动群众发展产业的积极性，推动油茶特色林业产业高质量发展。

从业近30年来，袁昌选的2项自主科技成果被国家林业科技成果库收录，1项成果被授予技术发明专利，荣获"全国先进工作者""全国农业标准化示范区先进工作者""全国生态建设突出贡献先进个人"等称号。

青春绣坊 战"疫"战"穷"践行初心

——记黎平县彦婷手工刺绣坊负责人、国家级非物质文化遗产代表性项目侗族服饰省级代表性传承人陆永江

陆永江简介

陆永江，女，侗族，1985年4月出生，贵州黎平人，中共党员，现任黎平县彦婷手工刺绣坊负责人，是国家级非物质文化遗产代表性项目侗族服饰省级代表性传承人。她右手残疾，却潜心钻研刺绣技艺，用一双巧手，以针作画，以线寄情，绣出了一朵朵美丽的幸福之花，成为当地脱贫致富的领头雁。获"2018年全省脱贫攻坚优秀共产党员""2019年全国农村青年致富带头人标兵""2021年全国脱贫攻坚先进个人"等荣誉称号。

用一双巧手，以针作画，以线寄情，双手绣出了一朵朵美丽的幸福之花，成为当地脱贫致富的领头雁。十多年来，她独坐一隅，潜心钻研刺绣技艺，在技艺日臻完善时，她又将所学所得倾囊相授，让

更多的姐妹们有一技傍身。她就是令人敬佩的少数民族才女,也是黎平县彦婷手工刺绣坊负责人、国家级非物质文化遗产代表性项目侗族服饰省级代表性传承人——陆永江。

身残志坚,生活与刺绣共舞

陆永江,1985年4月出生于贵州省黔东南苗族侗族自治州黎平县永从乡上寨村的一个侗族家庭。

她出生的那个地方侗族文化底蕴深厚,村里的侗族群众非常喜爱演侗戏、唱侗歌,女孩子从小就开始学习侗族刺绣。陆永江的母亲既是一名侗族刺绣高手,又是当地著名的侗族歌师,陆永江从小耳濡目染,读小学时就学会了侗族刺绣和侗歌。

幼年时,一场火灾导致她右手手指不能自然伸直,属于四等残疾,可性格刚强、伶俐过人的陆永江没有自弃,顺利考入大学,主攻工艺设计专业。大学毕业后,陆永江到黎平县顺化瑶族乡做了一名乡村教师。课余,校园里常常传出动人的歌声。有一天同事建议她:"你有这么好的嗓子,为什么不去参加侗族大歌表演?"同事不经意的一句话敲开了陆永江年轻的心,她立即组织一帮好姐妹成立了礼仪公司。她们北京、上海到处跑,侗族大歌伴着这些年轻的心飞向远方。可后来累了,倦了,年轻的心似乎找不到新的方向。

这时,身为侗族大歌歌师、侗族刺绣高手的母亲与陆永江长谈一宿,希望孩子接过刺绣的班,可是右手手指残疾的她能做好刺绣的活儿吗?为把侗族刺绣文化传承下去,工艺设计专业毕业的她决定试试。陆永江自己设计图案,右手不行用左手,经过三年的潜心钻研,技艺日臻完善。2014年3月,她创作的手工刺绣精品《子孙背带》

青春绣坊 战"疫"战"穷"践行初心

获得在湖南举办的民族刺绣博览会刺绣类二等奖。陆永江由此而得到了省内外及社会各界的赞誉和信赖。同年,她制作的手工刺绣作品《行歌坐月图》在杭州参加刺绣博览会,荣获金奖。

这一试,试出了新天地,她也顺利地接过了母亲的班,侗族刺绣有了新的传人。从那时起,她就暗下决心把手工刺绣作为自己一生追求的事业。2014年11月,陆永江自筹资金,创办了"黎平县彦婷手工刺绣坊"。自店铺开张以来,她就把自己的全部身心投入到了刺绣事业的发展中,她绣的《凤凰呈祥》《迎客松》《欢乐侗女情》《侗族大歌》等作品巧夺天工,在针法、色彩、图案诸多方面也形成独特的风格,赢得了不少客商的青睐。80平方米的小店铺,承载着陆永江的致富梦想,当年她就以自己的技艺赚到了8万元。随着生意越做越大,她扩大店面规模,租下了100多平方米的铺面,继续发展她的刺绣事业,现在她不仅刺绣侗族的工艺品、装饰品,而且扩展到了民族服饰。

"全国脱贫攻坚先进个人"称号获得者陆永江

耐心施教，与姐妹共同致富

一个人致富不算富，大家都致富才叫富。陆永江获得了成功，其他残疾人可不可以呢？尤其是那些残疾妇女能不能通过自己的双手致富呢？于是，陆永江积极响应残联的号召，积极投身到黎平县残疾妇女、农村妇女和下岗女工的刺绣技能培训中。在陆永江的动员下，80多名残疾妇女很快加入了她的团队，陆永江以诚待人，耐心施教，手把手地将刺绣的技法、色彩搭配、效果调理、绣品裱装等技能毫不保留地传授给每一位参训女同胞，确保姐妹们把刺绣手艺真正学到手。随后，她们从刺绣坊领取设计图，回到家中，既不耽误家务活，又绣出了一个个充满现代气息的民族刺绣作品。

随后两年，她又先后在大稼、永从、肇兴、龙额、德凤等乡镇举办培训班 20 多期，培训农家女和下岗女工 1800 多人，帮助她们走上了致富路。在陆永江的影响下，刺绣已发展成了黎平的特色产业，有数千农家女和下岗女工从事手工刺绣制作，全县刺绣队伍不断壮大。她们制作的作品，通过陆永江的电商平台销往全国各地。

刺绣品牌，助推家乡奔小康

家乡旅游业的发展同样牵动着陆永江的心，为了能更好地宣传自己家乡，陆永江立足侗都黎平，带领广大姐妹们将天生桥、肇兴鼓楼群、侗族拦路酒、地坪花桥等黎平的美好景色绣制成了一幅幅精美的绣品。她带着这些绣品多次参加国内各类刺绣展销活动，实现了宣传家乡和取得经济收益的双赢。

2015 年 2 月 13 日，时任国务院总理李克强莅临黎平大市场视察时，曾亲临"彦婷手工刺绣坊"，与陆永江亲切交谈并留影。李克强总理还自己掏钱买下了刺绣坊的一个香包，并为她的手工香包提名为"侗族平安手绣香包"。

总理回去后，彦婷手工刺绣坊的知名度得到进一步提升，生意更加兴隆，产品种类也更加丰富，产品产销市场逐步延展开来。

后来，她又相继带动 70 余名侗族青年实现就地、就近就业，"彦婷手工刺绣坊"也不断发展壮大，其中有固定职员 50 人，旗下还有部分散居在各村的手工刺绣人员 200 人，此外还有几支随叫随到的侗族大歌表演队、芦笙表演队。仅 2016 年上半年，其经营的"彦婷手工刺绣坊"年销售收入就达 60 余万元。

2017 年 5 月，陆永江荣获了贵州省"五一劳动奖章"和"五四优秀青年奖"。

陆永江在取得初步成就的同时，思考得更多的是回报社会，她积极参与社会慈善事业的捐赠活动，将爱心倾注在帮助残疾人自主创业和民族刺绣进校园这两大版块之上。除了黎平，全国有 30 多名残疾人得到了陆永江不同程度的扶持与资助。

刺绣不言苦，追求无止境。陆永江以自己的心灵手巧绣出了别样的美丽，绣出了和谐美满的幸福之家，绣出了大放异彩的人生价值观。如今，她还在设想着一个远大的奋斗目标，把刺绣培训班办到乡、村，培养一大批刺绣女能手，精心打造优质刺绣产品，扩大绣户规模，创建刺绣品牌，将刺绣这一侗族古老的手工艺术形成致富产业，为姐妹们创出一条更加宽阔的致富路。

不当贫困户　争做追梦人

——记黔南布依族苗族自治州福泉市牛场镇双龙村村民王华银

王华银简介

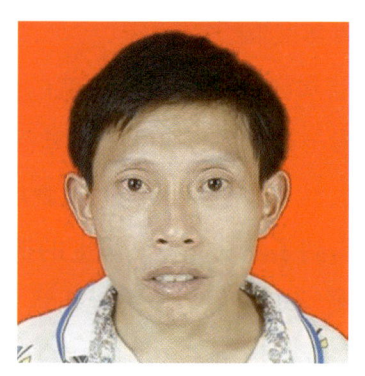

王华银，男，汉族，1984年1月出生，贵州福泉人，中共党员，是贵州省黔西南布依族苗族自治州福泉市牛场镇双龙村村民。身高只有1.2米的王华银16岁就开始外出打工，虽然吃过很多苦，但他为了让自己"活出个样子"来，从不向命运妥协，自力更生实现自己的创业梦想。"贫穷并不可怕，怕的是'等、靠、要'，怕的是自暴自弃。"他立志带着家乡的群众，尤其是贫困残疾人家庭发家致富！他用自己的行动树立了自强不息的典范，用自己勤劳的双手，实现了自己的梦想，并带动了当地养殖产业的发展，展示了一个残疾人身残志坚的精神。荣获"全国脱贫攻坚先进个人""贵州省优秀共产党员"等称号。

不当贫困户　争做追梦人

2021年2月25日上午，全国脱贫攻坚总结表彰大会在北京人民大会堂隆重举行，习近平总书记向全国脱贫攻坚楷模荣誉称号获得者颁奖并发表重要讲话。大会还对全国脱贫攻坚先进个人、先进集体进行表彰，贵州省黔南布依族苗族自治州福泉市牛场镇双龙村村民王华银作为"全国脱贫攻坚先进个人"接受表彰。

王华银，身高只有1.2，一家7口人，妻子和弟弟也都是残疾人。像他这样的家庭，在农村大多都是贫困户，但他不想做贫困户，他立志要依靠自己的双手和奋斗，改变家庭的贫困面貌。

不当贫困户　不等国家来救济

尽管身体有残疾，为了生计，王华银也曾跟随务工的队伍到省外去闯荡。因为肩上的担子格外重，在工作上，他和身边工友们的想法一直都不同，工友们可以得过且过，当天挣钱当天用，但他作为一名残疾人，家里还有妻儿、父母和兄弟，他一直想着明天甚至更久以后的事。因为过惯了苦日子，对于生活，他有着深深的忧患意识。在外出务工期间，他每个月的生活费仅为70元，最高没有超过90元，省吃俭用只是为了回乡后能继续他的致富梦。"我为什么不把老家的土地资源利用起来发展养殖业呢？"王华银这样想着。2010年9月，经过慎重思考，他回到了家乡，将目光转到养殖业上。

创业之初，大家都不看好王华银。旁人经常说："你看他矮矮的，走路、吃水都成问题，还养牛？这不是一个笑话吗？"所有的冷嘲热讽，他都听得清楚，但他心里明白，说一千道一万，都没有用，只有干出点成绩来才能让别人刮目相看。

天道酬勤。两年后，王华银的努力和付出终于得到回报，养殖带来的经济效益开始显现，他不仅还清了 2 万元的贷款，还买了小货车。尽管妻子和弟弟都有残疾，但在 2014 年，生活刚有起色的王华银便主动要求取消一家人的低保。2015 年，他又主动申请脱贫。

要做带头人　带动寨邻同发展

尝到甜头后，王华银的胆子也大了起来，再次从信用社贷款 10 万元扩大养殖规模，创办了小微企业——福泉市华银养殖场。经过几年发展，养殖场有牛 30 余头、母猪 16 头、仔猪 70 余头，同时又新建了 600 平方米的圈舍，养殖场的实际成效也让他获得了村民的认可。

"全国脱贫攻坚先进个人"称号获得者王华银

一个人富不算富，带领乡亲一起富才是真正的富。王华银时常在想："为什么不召集大家一起来养牛？这样既能壮大规模，为今后创建品牌打好基础，又能解决返乡农民工、残疾人的就业问题。"他当时就只想做一件事，就是把大家团结起来，抱团发展养殖业。

说干就干，2016年3月，王华银和同村的两个村民共同投资50多万元，利用自家的闲置土地，再租用邻居的40多亩土地，带领周边11户农户（其中6户是残疾人户）组建了银富养殖专业合作社，发展生猪养殖。养殖场成立之初，资金不够，合作社就通过小额信用贷，边建设边投入，建成一栋使用一栋。通过"滚雪球"的方式，养殖场的总投资额达到400多万元，建成圈舍10余栋，总面积达4000多平方米，吸引带动周边村民60余户通过发展养殖致富。到2017年年初，合作社开始产生效益，销售收入达100多万元。

为了让合作社走得更远，行得更稳，帮助更多的残疾人，王华银在"农村金融致富学校"学习养殖技术和知识，并利用农闲时节，把自己的养殖技术和经验传授给众多农户。同时，他还将饲料、药品以进价卖给养殖户，不从中赚取差价和利润。为了帮助想发展养殖业却没有钱进行前期投入的困难家庭，他免费将40余头仔猪捐赠给当地的持证残疾人和建档立卡贫困户发展养殖，并在后期进行养殖跟踪和技术指导。近年来，王华银免费为周边村寨做养殖技术指导，为贫困农户养殖致富提供了技术支撑。他的养殖合作社先后被评为县级残疾人创业就业示范点、州级残疾人创业就业示范点、省级残疾人创业就业示范点等，王华银还被评为"贵州省残疾人十大杰出典范"，2019年被评为"第六届全国自强模范"。

这些荣誉，既是对王华银创业的认可，也是对他的鼓励，更加坚定了他创业致富的信心和决心。后来，近50名村民加入养殖合作社，他们有的在合作社务工，有的跟着王华银学养殖技术。王华银还将原养殖场周围的土地通过租赁或入股等方式流转到合作社名下，又建设了一个能容纳300—500头牛的养殖基地，形成了规模化养殖，带领大家一起致富。

传递正能量　团结残疾人群众感党恩　做贡献

王华银说："看到现在党的政策这么好，总书记这么关爱我们残疾人，各级各部门领导对我又特别关心和关注，我没有借口，也没有理由不努力。特别是今年8月份，咱们双龙村第一党支部全体党员又推荐我担任党支部副书记，这让我倍感光荣和自豪，我将牢记总书记的嘱托，感恩奋进，更加努力地带着家乡的群众发展致富，不能辜负总书记的期望。世界对每个人都是公平的，残疾人在祖国的宽阔怀抱里，一样可以有所作为。身体的残疾并不可怕，可怕的是我们的思想

王华银在清理圈舍

精神和灵魂是残缺的,'等、靠、要'得来的,既不光荣,也不体面。劳动最光荣,奋斗的果实最甜蜜。我们残疾人朋友只要自尊、自信、自立、自强,一样可以用双手和智慧创造美好生活。"

王华银是这样说的,也是这样做的。党和政府的扶持以及社会各界的关心支持,他始终铭记在心。尽管过往充满辛酸,他始终不愿去回忆,但他还是一次又一次地向贫困群众和残疾人群众诉说自己的故事,向他们宣讲党的政策,并带动广大群众听党话、感党恩、跟党走,用自己的实际行动回报社会。

永不言弃　我就要打羽毛球
——记残奥会冠军、贵州省残疾人羽毛球队运动员程和芳

程和芳简介

　　程和芳，女，汉族，1995年9月出生，贵州水城人，现为贵州省残疾人羽毛球队运动员。由于身患先天性髋关节脱位，导致左腿肌肉萎缩，程和芳无法像正常人一样轻松行走，她每踏出一步，都要忍受着常人无法承受的疼痛。病痛磨炼了程和芳的意志，她勇敢积极地面对生活中的各种困难。2008年，贵州省残联选拔残疾人运动员，程和芳入选贵州省残疾人羽毛球队。2013年，她在全国锦标赛中以第一名的好成绩进入中国残疾人羽毛球队。2021年9月5日，程和芳在东京残奥会上，勇夺羽毛球女子单打SL4级冠军，为中国残奥代表团拿到了东京残奥会上的第95枚金牌。获"中国青年五四奖章""全国三八红旗手""全国五一劳动奖章"等荣誉。

永不言弃 我就要打羽毛球

2008年，贵州省残联选拔残疾人运动员，程和芳入选贵州省残疾人羽毛球队，开启了她的运动员生涯。长期高强度的训练，导致她骨膜劳损严重，给她带来了剧烈的疼痛。作为运动员，她需要经常做药物检测，于是她一直靠自己坚强的意志坚持着，没有使用药物来抑制疼痛。

"疼是肯定疼的，但在最难的时候我就会说服自己，一定要坚持过去，一定要熬过去，生命之中，不能选择什么，却可以改变什么，每一次磨炼都是一次突破，总有一天，训练的苦和累，流下的汗与泪，都是值得的！我就用这样的一个心态来对待每一次的训练。"程和芳如是说。扛住疼痛，只想前进的方向，从基础运动技能调整开始，刻苦训练平衡能力、上下肢协调能力、核心力量，在训练中一次次克服身体移动困难的问题，终于，她实现了"在场上打起球来和常人无异"。

从克服自身困难开始训练到跻身各大赛事，程和芳用了3年多的

程和芳在赛场上奋力击球

时间。2011年，首入全国赛事行列，荣获全国第八届残疾人运动会女子单打季军。这位年轻的贵州女孩，开始在赛场上绽放光芒。2013年是一个转折点，她在全国残疾人羽毛球锦标赛上获得女子单打冠军，并以第一名的好成绩进入中国残疾人羽毛球队。

12年来，她在省内赛事、国内赛事、国际赛事都取得了优异成绩。2014年，亚洲残疾人运动会女子双打冠军、女子单打亚军；2017年，世界残疾人羽毛球锦标赛女子单打冠军、女子双打亚军；2018年，亚洲残疾人运动会女子单打冠军、女子双打亚军；2021年，东京残奥会羽毛球女子单打SL4级冠军、女子双打SL4级亚军。

从跌跌撞撞到披荆斩棘，从刻苦训练到跻身于各大赛事，12年奋战，跨越逆境，砥砺前行，一心只想为多彩贵州争光，为祖国争光！

因为疫情影响，2020年东京残奥会推迟到2021年9月举行，在羽毛球女子单打SL4级决赛中，程和芳击败老对手印度尼西亚选手

程和芳获东京残奥会羽毛球SL4级金牌

永不言弃　我就要打羽毛球

程和芳（右）与教练张先明庆祝夺冠

莉阿尼·拉特里·奥克蒂拉，最终斩获这个项目的金牌。继贵州籍运动员杨秋霞之后，亦实现了残疾人羽毛球项目的个人"大满贯"。

"程和芳是我最放心的一个队员，对这枚金牌我们其实是非常有把握的。"教练张先明说，"压力肯定是有的，但是信心更多一些。"东京残奥会上，程和芳共参加女单、女双两个项目。在2021年9月4日晚举行的女子双打SL3—SU5级决赛中，刘和芳与来自河北的队友马会会合力摘得银牌。女单决赛是程和芳在此次残奥会上的第12场比赛，因此，体能无疑是最大的挑战。张先明教练说："场上稳健、控球能力强，捕捉到战机就争取得分机会，这是程和芳的优势所在，其次就是她有强大的意志力，始终坚持刻苦训练。"

辛苦的付出，获得了祖国的认可，程和芳先后获得多项荣誉：

2017—2020年度被国家体育总局授予"全国群众体育先进个人"称号；2021年9月，被共青团中央、中华全国青年联合会授予"中国青年五四奖章"，被全国妇联授予"全国三八红旗手"称号，被中华全国总工会授予"全国五一劳动奖章"。

2021年10月，东京奥运会和西安全运会刚刚比完，程和芳就回归了平常的生活——训练。程和芳认为，人生的每一步，都一定要稳，前方的美好，全看当下的努力。平时在训练，比赛看平时。在日复一日的训练中，她始终踏踏实实、勤勤恳恳，珍惜分分秒秒。她说，前面还有2022亚残会、世界锦标赛、2024巴黎残奥会……前方的路是挑战，也是希望，是突破，也是与自己的"较量"，她必将全力以赴，朝着最高领奖台进发，再为祖国增光添彩！

"爬行"的人也能顶天立地

——记铜仁市印江土家族苗族自治县沙子坡镇四坳村村民王昭权

王昭权简介

王昭权，男，苗族，1970年12月出生，贵州印江人，中共党员，是贵州省铜仁市印江土家族苗族自治县沙子坡镇四坳村村民。王昭权自幼患有小儿麻痹症，无法正常站立和行走，他凭借坚韧不拔的毅力、主动脱贫的意志和助人脱贫的义举，书写了震撼人心、催人奋进的脱贫致富传奇。他克服身体障碍，手脚并用地发展养殖业，实现年收入2万元以上。2018年1月，他主动申请"脱贫"，并牵头成立村里的第一个养殖专业合作社，带领乡邻共同发展肉牛养殖，并辐射周边村寨，带动村民实现脱贫致富。他乐于"现身说法"，向干部群众分享"不等不靠、不争不要、不屈不挠"的精神。获"全国脱贫攻坚奖奋进奖""全国脱贫攻坚先进个人"等荣誉。

2020年10月17日，首都北京，贵州省铜仁市印江土家族苗族自治县沙子坡镇四坳村残疾村民王昭权坐着轮椅穿过天安门广场，伴着高高飘扬的五星红旗，走进人民大会堂。

这个自小身患小儿麻痹症，不能直立行走的乡村牛倌，一路热泪盈眶。因为他从未想过自己会被邀请坐飞机到北京领取"全国脱贫攻坚奖奋进奖"。

他说："我只是靠双手养活了自己，没给别人添负担，国家却给了我这么高的荣誉。"

但是，想起大家说他是"爬行谋生的牛倌，顶天立地的汉子"，他又无比自豪。

农家"累赘"不服输

每个握到王昭权的手的人都会被深深地震撼。几十年的爬行下来，厚厚的老茧已让他的手变成了"脚"。

6岁时，王昭权不幸患小儿麻痹症，致左腿残疾，犹如无腿，从此不能正常站立、行走，只能靠双手和右脚支撑爬行，多数时间不能抬头挺胸。

他成了有着六兄弟的贫苦农家的"累赘"，父母、弟兄常常为他的不幸叹息，担心他"活不下来"。

但是，他并没有被身体的不幸击垮，从小就树立了永不服输、自立自强的决心。

"我也要读书。"8岁那年，看到村寨的小伙伴都背上书包走进学校，他向父母提出了第一个愿望。

"哪个能天天背你去上学？"农活繁重、生活艰难的父母实在难以满足他的愿望，五个兄弟上学已让家庭负担太重。几个哥哥却都很支持同胞兄弟："我们轮流背他。"

"不，我自己爬着去，爬着回。"小昭权不想成为全家的"累赘"。

长时间用手杵在崎岖的山路上，在家和学校间来回爬行，细嫩的小手被磨得浸血，但他从不喊痛掉泪。他怕父母心痛，中断自己的求学路。

幼时的他也曾遭同学嘲笑、欺负，但他不理会，坚持刻苦求学。不论刮风下雨，还是下雪凝冻，他从不迟到和早退，始终在班级里名列前茅，小学毕业时以优异的成绩考上中学。

"活下来"的王昭权一直想像同龄人一样获得继续升学读书的机会，但由于家庭困难等原因，他只好忍痛放弃学业，自愿留在家中帮助父母干农活，把求学的机会让给兄弟们。

残疾人的生存充满艰辛。为了让自己"走"得快、干好活，王昭权用弯拐木和橡胶垫保护双手在地上爬，用背像牛马一样"驮"肥料、粮食。

王昭权"驮"着草料去喂牛

生活上"站起来"的他不但能自食其力，还帮助父母逐步改善家庭经济状况，让兄弟们安心求学，外出闯荡。

虽然只有小学文化，但他不甘心做一个没有见识的农民。

王昭权闲时会读书看报，了解社会变迁，增长见识。他还曾到贵阳学艺，回村后做过裁缝，也曾在村里摆过理发摊，坐在高高的木凳上为村民理发……

深山养牛闯富路

一日清晨，秋雨后的山路又窄又滑。王昭权双手抓紧橡胶垫，背上"驮"着上百斤饲料，快速爬向村后的养牛山六井溪。那里的土地大部分已退耕还林，人迹罕至，只有他和他放养的牛群。

两公里的山路，即便普通人也会气喘吁吁。

王昭权说，过去曾从事过制作新衣、理发等职业，加上每月领取的残疾补助、农村低保，已让他衣食无忧。但有的人却嫌他的手常在地上爬，不干净，脚不利索，理发速度慢，以致他常常"自惭形秽"。

做兽医的弟弟王华深知五哥王昭权不想被人瞧不起，决定通过自己的技术做保障，帮助五哥养牛致富。

"好，就养牛！"王昭权下定决心，这才是找准了自己该做的事。

2012年，在弟弟的担保下，王昭权借资买来10头小牛，每天把牛赶到寨后的山头。牛在山头吃草，他就割草"驮"回家为牛备"夜餐"。

为了养好牛，一有空闲，他就扎进村里的农家书屋，学习国家政策、种养技术，并找机会向弟弟学习疫病防治。

王昭权视牛如朋友，在他的精心饲养下，他养的牛长得格外壮实。

苦心人，天不负。一年后，出栏6头肉牛，还了借款，还有盈余。初尝甜头，也更坚定了王昭权养牛致富的信心。

2017年，为了扩大养殖规模，王昭权瞅准机遇，在政府的帮助下，向信用社申请到5万元贴息"精扶贷"，并获得5000元养殖补助，让存栏牛保持在10头以上。

不久，王昭权用卖牛的积蓄，与弟弟王华共建新房，这让村里人对他刮目相看了。

王华说："父母在世时，一直叮嘱我和四个哥哥一定要照顾好五哥。其实，这些年五哥不仅能自食其力，反而是他的精神更加鼓励着我们。"

王昭权不向环境低头，不甘于独自前行，不畏环境之恶劣，不惧条件之艰苦，以残疾之躯勇敢地克服恶劣环境，在不利于发展、不适于发展的山旮旯里，立下发家志，走稳养牛路，实现了自身的脱贫致富。

王昭权用嘴"叼"着镰刀去田里干活

主动退贫鼓士气

"我不想再当贫困户了。"2018年初,王昭权主动向村委会递交了退贫出列申请书。

接过申请书,当时的四坳村党支部书记吴松反复问王昭权:"不要看到现在情况好就骄傲哦,和兄弟们商量过没有?这可不能反悔哟!"

"我上过学,自己的事做得了主,绝不反悔!"王昭权说,感恩党和国家对他多年的关心和帮助,他的收入已远远超过贫困线,吃穿不愁,医疗、住房均有保障,不想再为国家添负担。

在决战决胜脱贫攻坚的关键之年,重度残疾的王昭权主动申请退贫出列。他自强自立的实际行动,成了乡亲们学习的榜样。

同村贫困户杨胜坤也主动申请退贫出列:"王昭权都退贫了,我好手好脚的,脸皮再厚也不能向国家伸手要补助了。"

"王昭权都能养牛致富,我也行。"受王昭权自强自立的精神鼓舞,村民杨常青建起了更大的养牛场;村民杨通伯也忙着扩建牛场、草场,要把规模扩大到30头。

快速兴起的养牛产业加速了四坳村的脱贫进程,2018年,该村成为印江县第一批脱贫村之一。

榜样的力量进一步"发酵"成乡亲们的脱贫行动。相邻的韩家村请王昭权讲述自己的故事,鼓舞全村"战贫"士气,还聘请他为村集体养牛合作社顾问。

"我一个人好不算好,大家好才是真的好!"这是王昭权经常挂在嘴边的话。经过几年的实践,王昭权意识到单打独斗养殖肉牛不是长久之计。为了做大肉牛养殖,2018年5月,王昭权注册成立了"昭权养殖专业合作社",成为村里的第一个养殖专业合作社。平时,王昭权专心负责牛群喂养和草地管理，弟弟王华负责跑市场和技术服务，兄弟俩精诚合作，让肉牛养殖稳步推进，每年养殖不下10头，多时有20多头。从个人单打独斗到合伙发展，从为生存而养牛到养牛过上好日子，王昭权成为远近闻名的脱贫之星和自强模范，他养牛致富的真实故事逐渐演变成一种催人奋进的精神力量。

沙子坡镇也逐渐涌现出了四坳、韩家等养殖专业村，全镇存栏肉牛近2200头。

为充分发挥榜样的示范作用，打赢脱贫攻坚战，印江县组织干部群众向王昭权学习。20余名因驻村工作不扎实被召回学习且重新驻村的县、乡干部，跟着王昭权进山放牛，接受了一次思想洗礼。曾被召回的驻村干部严斗说："与王昭权相比，我们的确没有不干好工作的理由。"

"只要不偷奸耍滑，不等不靠，力尽所能，没有跨不过去的坎。"至今严斗还记得王昭权说过的话。回到所驻的龙津街道杉木林村后，严斗带领村民加快改善基础设施，发展富民产业，顺利带领全村脱贫出列。

随后，王昭权又多次为全县干群上"战贫"励志课，全县365个村(居)巡回展播其养牛脱贫的事迹，激励干部群众拼搏奋进。2019年，印江县脱贫出列。

面对人生逆境，王昭权"不服输、不服穷、不服软、不服气"，凭着坚韧的毅力和勤劳的双手，通过养牛摆脱贫困，走上致富路。

进京参加脱贫攻坚表彰大会回来，王昭权手捧荣誉证书，激动地说："国家表彰我，是希望每个残疾人都能自立自强，活得顶天立地。"

34年风雨无阻,一位山乡邮递员的19次"二万五千里长征"

——记中国邮政集团公司贵州省锦屏县分公司邮递员、"最美退役军人"张林昌

张林昌简介

张林昌,男,苗族,1964年10月出生,贵州锦屏人,中共党员,现为中国邮政集团公司贵州省锦屏县分公司邮递员。1987年,23岁的张林昌退伍后,自告奋勇当乡邮员,自愿走一条长90公里横穿5个乡镇23个建制村,服务面积达200平方公里的乡邮路。30余年来,他步行投送邮件总里程超24万公里,投递报刊、邮件140多万件,他义务为山区群众代购粮种5000多袋、生活用品4500多件,代取款10万余元,被山区苗族群众称为"乡邮路上的天使"和"九十九道拐上的绿色使者"。获"全国劳动模范""贵州省五一劳动奖章""最美退役军人""全国岗位学雷锋标兵"等荣誉。

34年风雨无阻,一位山乡邮递员的19次"二万五千里长征"

张林昌,贵州省锦屏县人,苗族,1964年出生,1983年入伍,在原广州军区某部服役3年,1987年退伍回到家乡后,主动到最偏远的山乡当了一名邮递员,承担起为大山深处的苗族、侗族群众投递邮件的工作。34年来,他步行投送邮件总里程达24万多公里。工作中,他始终保持军人吃苦耐劳和乐于奉献的品质,尽心尽职,风雨无阻,在投递报刊、邮件的同时,还义务为山区群众代购生产物资和生活用品,被大家亲切地称为"乡邮路上的天使"和"九十九道拐上的绿色使者"。近年来,张林昌先后被评为"全国优秀青年投递员""全国劳动模范""全国岗位学雷锋标兵"。2019年,他被表彰为全国"最美退役军人"。

苗岭山麓,清水江畔,一辆写有"中国邮政"的绿皮邮车,沿着盘山公路一路盘旋而下,稳稳地停靠在贵州锦屏县启蒙支局邮政代办所的门前。听到熟悉的呼唤,张林昌从代办所快步走出,卸下邮车运来的报刊、信件和大大小小的包裹。接下来,他将又一次踏上90

张林昌走在前往锦屏县河口乡韶霭村的小路上

多公里长的崎岖山路，为沿途23个建制村的苗族、侗族乡亲投递邮件。

张林昌说："我现在有两个班次，周一去韶霭村送件，周二去河口乡政府那边送件。河的这边可以骑摩托车，过河以后就要走路了。如果只有报纸、信件，就装在袋子里背着，而如果包裹多的时候，就需要用扁担挑着走。"

张林昌的家乡位于锦屏、黎平、剑河三县交界的地方，周围村寨沿着清水江散落在莽莽大山之中。生长在大山里的孩子，大多盼望着能够去看看外面的世界，年少的张林昌也是如此。1983年冬天，19岁的张林昌参军入伍，来到驻守在海南岛的某部军营。服役期间，他吃苦耐劳，表现优异，光荣地加入了中国共产党。三年的军旅生活虽然短暂，却让张林昌得到了历练，懂得了责任与奉献。

张林昌说："那时候，贵州山区的好多地方都没有通公路，年轻人都很向往外面的世界。当兵到部队后，我看到身边的党员大都积极肯干、素质过硬，所以也积极要求入党，经过几年的部队生活锻炼，我也就慢慢长大成熟起来。"

1987年，张林昌退伍回到家乡。一次，他无意中了解到，由于家乡片区的邮路地形复杂，崎岖难走，正面临邮递员"断档"的窘境。

张林昌说："有一次，邮政的杨师傅送报纸到我家。由于天色已晚，就在我家住下了。杨师傅说，'我们这一带的山起伏太大，住户太分散。我们邮递员每次要挑着邮件翻山越岭非常辛苦，根本没有几个人愿意来当邮递员，有的人干了两三年后就放弃了。'他说，他已经50多岁了，马上就要退休了，问我想不想接他的班。"

就这样，退伍不久的张林昌，加入到了邮递行业。第二天，天刚蒙蒙亮，张林昌就早早起床，点着煤油灯，和杨师傅一起把要派送的信件、汇款单等按照邮路到达的顺序清点好，之后便踏上了锦屏县路程最长、最为崎岖难走的这条邮路。

34年风雨无阻，一位山乡邮递员的19次"二万五千里长征"

张林昌说："记得第一次派送邮件那天，我早上5点钟就起床，挑着两包重达20多公斤的邮件，打着手电筒，跟在杨师傅的后头，走村串寨开始送件。"

从此，张林昌每天就和杨师傅一道，用扁担挑着沉甸甸的邮包，穿梭于散落在峻岭之中、江河之畔的苗乡侗寨。夏天，路边的草长得比人还高，人在"草林"中穿行，时不时还会遇到毒蛇；冬天，大雪封山，数月不化，他上一次在雪地里留下的脚印已凝结成冰，清晰可见。有时候，送一趟邮件来回要走三四天。饿了累了，张林昌就在热情好客的乡亲们家中吃顿便饭，借住一宿。

张林昌说："每一天，我都要走30多公里，中间还要送信、送报、送包裹，这都要花费不少时间。有时候，送信送到夜里很晚，就和杨师傅借宿在村民家中。乡亲们会给我们备好热菜热饭，吃过饭后会端来一盆热水，让我们烫脚解乏。"

两年后，杨师傅退休，张林昌从此就一个人奔波在这条邮路上。

张林昌整理快递单

"上山钻云天,下山到河边。两山可对话,走路要半天。"这是当时山区交通的真实写照。其中,最难走的一段路是从苗吼寨到宰格寨,要翻过一座叫"背细坡"的大山,这座山海拔约1000多米,有3000多级台阶,被当地人称为"九十九拐"。

张林昌说:"这条路通向一个有着三四百户人家的大寨子,寨子有五六百年的历史了。为了早一点儿送达邮件,我经常从'九十九拐'爬坡抄近道,但坡陡,路很难走。每次出发前,还要准备一根棍子,以免遇到蛇。"

"九十九拐"本来就路陡难行,还要挑着沉重的邮包。即使是从小就在山里长大的张林昌,每次从山脚爬到山顶,最快也要两个多小时,摔跤跌倒也是家常便饭。2005年9月的一个雨天,张林昌在下山时不小心脚下一滑,滚下了十多米的陡坡,脸重重地撞在石头上,当场撞掉两颗门牙。

张林昌说:"那天正好下着雨,为了赶在天黑前把邮件送到山下

张林昌行走在邮路上

的裕和乡政府、学校和村寨的乡亲们手中,我就冒雨赶路。当我走到半山腰时,下坡路非常滑,我一不小心就摔了一跤,顺着山坡滚下了十多米远。"

过了很久,张林昌才渐渐缓了过来。环顾四周,寂静的山林安静得只能听得见他一个人的呼吸声和断断续续的虫鸣声。凭着在部队磨炼出的坚强毅力,张林昌艰难地爬起来,忍着疼痛将掉落的信件一一捡起,挑着邮包继续赶路,直到送完邮件后才去县城里就诊。

张林昌说:"当时,我的两颗门牙撞到石头上就断了,出了很多血,感觉非常疼,但是我一个人在山上孤立无援,只好忍着痛继续往前走。由于乡下没有镶牙的地方,也为了不耽误送件时间,我硬是坚持把邮件送完后,才去县城里镶了牙。"

这条邮路的艰辛之处不仅是要翻山越岭,还要穿过一条条湍急的河流。2000年夏季的一天,刚下过一场大雨,为了把邮件及时送到溪渡河对岸的村民家中,张林昌决定赶在山洪暴发前过河。正当他走在简陋的木桥上时,山洪突然奔来,他使出全身力气快速冲到河对岸,等到回头再看时,刚刚走过的那段桥板已经被洪水冲得无影无踪。

张林昌说:"那个木桥离水面大概有两米来高,看上去十分危险,但不过河就得绕行,要重新爬'九十九拐',差不多要走六七十里的路,非常远。因为我会游泳,所以就放心大胆地过河,可没想到我快速过桥后,桥板立刻就被水冲走了。"

虽然一路上充满艰辛和危机,但张林昌从来没有选择放弃。由于偏远山区的邮递效益低,乡邮员的收入并不高,张林昌一家的生活一直过得比较拮据。每当看到别人外出打工挣钱,回家盖了新房,他心里也会有羡慕,但一想到乡亲们对外界信息的渴求,加上这条邮路面临人手青黄不接的难题,他再次坚定了继续走下去的信心。他说,他是当过兵的人,对这片土地和这里的乡亲有着特殊的感情。

张林昌说:"说实话,当年看到村里的青壮年外出打工,挣到钱回来盖房子后,我的妻子也想着让我和她一起出门打工,多挣些钱。但是,一想到我从事这份工作这么多年了,就十分不舍,而且乡亲们也需要我,我就再一次坚定信心,决心守住这块阵地。"

多年来,张林昌一个人风雨无阻,行走在这条漫漫的乡村邮路上,走过了一个个春夏秋冬,穿烂了 200 多双解放鞋和胶鞋,行程共计 24 万多公里。张林昌除了把 140 多万件邮件送到乡亲们手中以外,还义务为乡亲们捎带药品、代购种子等生产生活物资上万次,服务群众 25000 多人。锦屏县固本乡培亮村有一位叫范培碧的苗族老人,年事已高,行动不便。张林昌便主动帮他取钱和采购生活物资,一帮就是十多年,直到老人去世。

张林昌说:"我记得,他是一个孤寡老人,帮他帮了十五六年。老人每个月有一点儿生活费,每次都是我从银行帮他取回来。每一次我来他家,都看到老人坐在家门口等我。看到我来了,他就把我拉过去,一定要给我煮饭吃。老人平时买了点儿好吃的,也舍不得吃,一定要等我来了才煮,非要和我一块儿吃。"

有一年,张林昌历经千辛万苦,终于帮助一位台湾老兵找到留在锦屏老家的儿子,把一封来自海峡对岸的信件送到了亲属手中,让离散大半个世纪的父子得以团聚。

张林昌说:"那一年,他在台湾的父亲已经 80 多岁了,特意写信寄过来。他不识字,我就念给他听。听着听着,他就哭了起来,连声说,真不敢相信他的爹还活着!"

担任邮递员这些年,张林昌见证了太多的悲欢离合,更见证了社会发展的巨大变迁。2017 年,河口乡实现了村村通水泥路,这给年近花甲的张林昌减轻了不少负担,送邮件的模式也从完全依靠双脚和肩挑背扛,改为骑摩托车为主、走路为辅。近几年,随着电商和网

34年风雨无阻,一位山乡邮递员的19次"二万五千里长征"

张林昌将录取通知书及时送达农村学生

购的兴起,快递包裹数量剧增,虽然邮递派送的辛苦程度有增无减,但张林昌却为山乡的变化而开心不已。

"云雾满山飘,海水绕海礁。人都说咱岛儿小,远离大陆在前哨,风大浪又高啊。自从那天上了岛,我们就把你爱心上……"34年乡邮路,张林昌来回穿梭的身影早已成为青竹绿林之中一道美丽的风景线,崎岖的山路上留下了他倾情服务人民的青春足迹。每当唱起这首在部队学唱的《战士的第二故乡》,他就会想起当年在海南岛当兵的难忘时光,就会更加充满激情地走在这条乡邮路上,继续演绎着一名退役军人的最美故事。

张林昌说:"当我把一封封信、一张张汇款单送到乡亲们的手上,看到乡亲们绽开的笑容时,我就觉得自己的这点付出和辛苦真的很值得。我的'长征'路还很长,今后,我要继续为山里的乡亲传递亲情、送去希望,直到我走不动的那一天为止。"

全面建成小康社会 贵州奋斗者

后　记

《全面建成小康社会·贵州奋斗者》由中共贵州省委宣传部组织编撰。本书精选黄大发、姜仕坤、杜富国、邓迎香等优秀人物的模范事迹，深入刻画贵州决战决胜脱贫攻坚、全面建成小康社会进程中涌现的先进典型人物群像，生动描绘了贵州干部群众上下同心、攻坚克难，奋力夺取全面建成小康社会伟大胜利的绚丽篇章。

本书是在综合《千年之变：贵州脱贫攻坚故事（总卷）》《东西部扶贫协作丛书：从杭州到黔东南》《主战场：中国大扶贫——贵州战法》《脱贫攻坚群英谱》等前期研究成果，运用"纪录小康工程·贵州数据库"平台公开发布的相关资料的基础上完成编写的。另外，以图书出版时间为节点，在每篇文章的副标题中对先进人物的职务、身份或称号予以体现。在此向文章的撰写者、提供者、整理者致以诚挚的感谢。

贵州省乡村振兴局的领导和专家对本书进行了认真审读，提出了很多宝贵的意见，在此向各位领导、专家深表谢意！

本书编写组
2022 年 10 月